Geist und Psyche

Hans Zeier

Wörterbuch der Lerntheorien und der Verhaltenstherapie

Kindler
Taschenbücher

GEIST UND PSYCHE
Herausgegeben von Nina Kindler

Redaktion: M. Kluge
Korrekturen: H. Bernard
Gesamtherstellung: Friedrich Pustet, Regensburg
Printed in Germany
ISBN 3 463 00655 3

INHALT

Vorwort

Das Bestreben des Menschen, das Verhalten seiner Mitmenschen beeinflußen oder sogar kontrollieren zu können, ist wohl ebenso alt wie die Menschheit selbst. Unter den Stichworten Verhaltensmodifikation und Verhaltenstherapie bietet die moderne Psychologie Methoden und Techniken an, die diesbezüglich recht wirksam sein können. Es erstaunt deshalb kaum, daß über die verschiedensten Formen der Verhaltensmodifikation bereits eine umfangreiche Literatur besteht.

Was ihre theoretische Begründung betrifft, so beruft sich die Verhaltensmodifikation in erster Linie auf die Lernpsychologie, d. h. auf Erkenntnisse, die durch Modelluntersuchungen an Mensch und Tier gewonnen wurden. Da aber die Relevanz von Tierversuchen häufig bestritten wird, führte die experimentelle Lernforschung, zumindest in Europa, bisher eher ein Schattendasein. Durch das Aufzeigen der praktischen Anwendbarkeit dieser Erkenntnisse änderte sich die Situation allerdings schlagartig, und die entsprechende Grundlagenforschung wird einer zunehmend breiteren Öffentlichkeit bekannt.

Lernpsychologie und Verhaltensmodifikation bilden aber keine einheitliche Schule, sondern bestehen aus verschiedensten Richtungen. Ihre Fachterminologie ist somit alles andere als einheitlich. Das vorliegende Wörterbuch versucht deshalb, im Stile eines Glossariums die wichtigsten Fachausdrücke aus der Lernpsychologie, der Verhaltenstherapie und der Verhaltensmodifikation kurz zu erläutern. Dies geschieht mit der Absicht, einerseits dem Leser lernpsychologischer Bücher und Arbeiten ein Nachschlagewerk in die Hand zu geben, worin er sich über die Bedeutung einzelner Termini, die ihm nicht ganz vertraut sind, rasch informieren kann. Andererseits soll es eine kurze zusammenfassende Darstellung der wichtigsten lernpsychologischen Begriffe und Methoden vermitteln, um dem an diesem Gebiet interessierten Leser den Einstieg in die betreffende Fachliteratur zu erleichtern. Zur Abrundung dieser Übersicht wurden in den Text Kurzbiographien von Persönlichkeiten aufgenommen, die wesentliche Beiträge zur Lernpsychologie, Verhaltenstherapie oder Verhaltensmodifikation leisteten. Diese Liste erhebt keineswegs den Anspruch auf Vollständigkeit, denn fast jedes Gebiet der Psychologie weist gewisse Beziehungen zur Lernpsychologie auf. Sie hängt in erster Linie von der Information ab, die dem Autor zur Verfügung stand, und ist nicht als Wertung zu verstehen, sondern als Hilfe zum Einstieg in die entsprechende Literatur sowie zum Verständnis der historischen Zusammenhänge.

Im einzelnen hat das Wörterbuch den folgenden Aufbau:
Die Priorität liegt in erster Linie auf den Substantiven. So wurde der Begriff »operantes Verhalten« etwa unter »Verhalten, operantes« eingestuft. Sinnverwandte Wörter erscheinen nach Möglichkeit unter demselben Stichwort, und feine Nuancen, die nicht einheitlich oder nur bei einzelnen Autoren anzutreffen sind, wurden vernachlässigt. Deshalb sind bei jedem Stichwort, soweit vorhanden, zunächst gleichsinnig benutzte oder sinnverwandte Wörter aufgeführt. Diese Aufzählung soll aber nicht bedeuten, daß die betreffenden Ausdrücke vollständig miteinander identisch sind. Vielmehr gibt sie eine erste schlagwortartige Erklärung und vermittelt eine Idee, unter welchen Stichworten der betreffende Begriff in der Literatur noch anzutreffen ist. Auf Querverbindungen und ergänzende Erklärungen verweisen die zahlreichen, durch Pfeile gekennzeichneten Hinweise. Bei der Übersetzung der englischen Fachausdrücke wurden bereits vorhandene oder schon eingebürgerte Übersetzungsvorschläge möglichst übernommen oder wenigstens angegeben. Damit die Rückführung der Übersetzungen leichter fällt, steht neben jedem deutschsprachigen Stichwort in Klammer der entsprechende englische Fachausdruck. Überdies ist als Anhang ein alphabetisch geordnetes Verzeichnis beigefügt, das von den englischsprachigen Begriffen ausgeht und auf die deutsche Übersetzung verweist.

Meinen Kollegen Herrn Prof. Dr. H. Fischer, Dr. C. Palmers und Dr. R. Müller danke ich recht herzlich für die kritische Durchsicht des Manuskripts und für die zahlreichen Anregungen und Ratschläge. Für das Zeichnen der Abbildungen danke ich den Herren W. Classen und M. Weibel.

Zürich, im Oktober 1975 Hans Zeier

Abergläubisches Verhalten (superstitious behavior) → Verhalten, abergläubisches

Abhängige Variable (dependent variable) → Variable

Abschwächung (fading)

Spontanes schwächer werden einer Gedächtnisspur (vgl. → *Engramm*, → *Löschung*, → *Vergessen*)

Abstumpfung (habituation) → Gewöhnung

Abweichendes Verhalten (deviant behavior) → Verhalten, abweichendes

Adaptation (adaptation)

Anpassung der Erregbarkeit eines Sinnorgans oder einer Sinneszelle an veränderte, länger andauernde Reizbedingungen wie z. B. Hell- und Dunkeladaptation des Auges. Erfolgt die Reizanpassung nicht am Sinnesorgan, sondern durch zentrale Mechanismen, so handelt es sich bereits um Lernprozesse, die als → *Gewöhnung* oder *Habituation* bezeichnet werden.

Afferenz (afference)

Nervenbahn, die Impulse vom Sinnesorgan (→ *Rezeptor*) in die zentralen Regionen des Gehirns leitet. Diese Impulse werden als afferente oder sensorische Impulse bezeichnet (vgl. → *Efferenz*).

Akkomodation (accomodation)

Anpassung des Auges an die Entfernung der gesehenen Gegenstände (vgl. → *Adaptation*).

Akquisition (acquisition)

Aneignung, Erwerb. Erwerb eines bestimmten Verhaltens oder eines Wissensstoffes durch einen Lernprozeß (→ *Lernen*). Die Wirksamkeit eines Akquisitionsverfahrens kann durch Gedächtnistests (→ *Gedächtnis*) ermittelt werden.

Aktivation (activation, arousal)

Aktivierung, Angeregtheitszustand, Arousal, Erregung, Wachheitsgrad (→ *Vigilanz*). Bezeichnet sowohl den jeweiligen Aktivitätsgrad (→ *Aktivität*), in dem sich ein Organismus befindet, als auch dessen Steigerung (Aktivierung). Neuartige oder intensive äußere und unter Umständen auch innere Reize erhöhen die Aktivation. Mit zunehmender Wiederholung nimmt aber die Wirkung des Reizes ab, bis sie ganz verschwindet (Abstumpfung, → *Gewöhnung*). Monotone Situationen senken die Aktivation. Die beiden Aktivationsextreme sind Koma und höchste Erregung. Dazwischen liegen als skalierbare Stufen Tiefschlaf, leichter Schlaf, Schläfrigkeit, Entspannung, Munterkeit, Anspannung, Aufregung, Schrecken und höchster Affekt. Aktivation ist eine psychophysiologische Variable, die 1. sich durch meßbare physiologische Korrelate äußert, wie z. B. hirnelektrische Phänomene oder Zunahme der Herzschlagrate, Atmungsrate, elektrischen Leitfähigkeit der Haut sowie Pupillengröße bei Steigerung der Aktivation; 2. die Reaktions- und Handlungsbereitschaft des Organismus bzw. gewisser Organsysteme bestimmt und 3. als Gelassenheit, Gespanntheit oder Erregung erlebt wird. Neben physiologischen Komponenten enthält Aktivation auch emotionale und motivationale Komponenten.

Aktivierung (activation)

Eine Funktion oder einen Mechanismus in Tätigkeit setzen bzw. bereits vorhandene Aktivität zu steigern (vgl. → *Aktivation*).

Aktivität (activity)

Allgemeine Bezeichnung für jegliche Art von hauptsächlich durch innere Bedingungen ausgelöste Tätigkeit des Organismus, und zwar sowohl der einzelnen Elemente wie Zellen, Gewebe oder Organe als auch des Gesamtorganismus. Der Begriff wird manchmal als Gegenstück zum Begriff → *Reaktion*, der durch äußere Bedingungen ausgelöste Tätigkeit umfaßt, verwendet, und zwar sowohl für physiologische als auch für psychologische Sachverhalte. Im klassischen → *Behaviorismus* (z. B. J. B. → *Watson*) erfolgen die Reaktionen auch auf innere Bedingungen.

Alternativplan (alternative schedule) → Verstärkungsplan

Alternierung, spontane (spontaneous alternation)

Spontane Alternation. Bezeichnung für die bei einer Zweifachwahl beobachtbare Tendenz, zwischen den Alternativen systematisch von Versuch zu Versuch abzuwechseln, falls beide Reaktionsmöglichkeiten gleichwertig (z. B. beide belohnt oder unbelohnt) sind. Spontanes Alternieren wird als Explorationstätigkeit interpretiert und zeigt sich besonders deutlich bei Ratten im T-Labyrinth (→ *Labyrinth*).

Amsel, Abram

* 4. 12. 1922 in Montreal (Kanada). Psychologiestudium an der McGill University in Montreal und an der University of Iowa; Professor an verschiedenen Universitäten, seit 1969 an der University of Texas in Austin.
Arbeitsgebiet: Lerntheorien und Motivation.
W. Werke: »The role of frustrative nonreward in noncontinuous reward sitations«, in: *Psychol. Bulletin;* 1958, 55, 102–119; »Frustrative nonreward in partial reinforcement and discrimination learning«, in: *Psychol. Review,* 1962, 69, 306–328; »On inductive versus deductive approaches and neo-Hullian behaviorism«, in: B. B. Wolman (Hrsg.), *Scientific Psychology.* New York, 1965; »Behavioral habituation, counterconditioning, and a general theory of persistence«, in: A. H. Black und W. F. Prokasy (Hrsg.), *Classical Conditioning II*, New York 1972.

Analogiegesetz (law of analogy)

Von E. L. → *Thorndike* formuliertes Lerngesetz, welches besagt, daß ein Lebewesen sich in einer neuartigen Situation so verhält, wie es in bereis bekannten, ähnlichen Situationen reagiert hätte (vgl. → *Transfer*).

Analysator (analyser)

Von I. P. → *Pawlow* eingeführte Bezeichnung für den neuronalen Apparat, der sensorische Information von der Peripherie in die Großhirnrinde leitet. Dazu gehören der → *Rezeptor* im Sinnesorgan, von Pawlow Transformator genannt, die afferenten Neurone und die zentralen Endigungen des betreffenden Analysators, d. h. die mit den Transformatoren zusammenwirkenden Zellverbände im Großhirn. Diese Analysatoren wurden von Pawlow aufgrund von visuellen oder auditiven Unterscheidungsleistungen aus dem Verhalten erschlossen. Über die anatomische Lokalisation dagegen gab es damals nur vage Vorstellungen.

Analytische Psychologie (analytic psychology)

Auch Komplexe Psychologie. Bezeichnung für die durch C. G. Jung eingeführte, von S. Freud abweichende tiefenpsychologische Richtung. Der Begriff wird vereinzelt auch für alle psychologischen Forschungsrichtungen verwendet, die analytisch orientiert sind (Elementpsychologie, zergliedernde Psychologie).

Angst (anxiety)

Furcht. Im Gegensatz zur Psychoanalyse wird Angst in der Verhaltenstherapie meist gleichbedeutend mit Furcht verwendet und als ein sekundärer, d. h. erworbener oder erlernter → *Trieb* aufgefaßt. Nach B. F. → *Skinner* ist Angst das Ergebnis eines Konditionierungsprozesses. Sie ist die Reaktion auf einen an sich neutralen Reiz, der vorgängig mit einem aversiven Reiz assoziiert worden ist. Angst ist nicht ein innerer Zustand, sondern ein emotionales Verhaltensmuster mit subjektiven, physiologischen und objektiv beobachtbaren Komponenten, das durch eine bestimmte Situation ausgelöst wird. Die *Angstreaktion* ist dann meist ein Vermeiden der angstauslösenden Situation bzw. der entsprechenden Reize oder Reizkonstellationen. Angst wirkt als Antrieb auf andere Reaktionen, die dadurch entweder mit größerer Geschwindigkeit bzw. Intensität ablaufen oder aber mit erheblicher Verzögerung einsetzen.
Abnorme, unkontrollierbare Angst vor Objekten oder Situationen wird als *Phobie* bezeichnet.

Angstbewältigungstraining (anxiety management training, AMT)

Verfahren der Verhaltenstherapie, wodurch der Patient lernt, ohne Verwendung einer → *Angsthierarchie* bei sich selbst die ersten Anzeichen von auftretenden Spannungen zu beachten und dann unmittelbar mit Entspannungsreaktionen zu beginnen, bevor sich eine ausgeprägte Angstreaktion ausbilden kann.

Angsthierarchie (anxiety hierarchy)

Eine Reihe von Reizen und Situationen, auf die ein Patient mit zunehmenden Graden der Angst reagiert. Angsthierarchien dienen als Grundlage für Desensibilisierungsprozeduren (→ *Desensibilisierung*) und müssen individual spezifisch erstellt werden. Dazu ist zunächst eine genaue Verhaltensanalyse notwendig, um die bedeutsamen Reize oder Situationen zu erfassen, die für den betreffenden Patienten angstauslösend sind. Dann werden die gewonnenen Informationen gemeinsam durch Therapeut und Klient als Beschreibungen von spezifischen, angstauslösenden Situationen formuliert und in eine oder mehrere Angsthierarchien (je nach Art der dabei vorkommenden Themen und Gruppen von Ängsten) eingeordnet. Dabei ist zu beachten, daß zwischen der niedrigsten und höchsten Stufe, d. h. zwischen der Situation, die am leichtesten zu bewältigen ist, und jener, welche die extremste Angst hervorruft, genügend viele und vor allem gleichmäßig verteilte Zwischenstufen liegen.

Angstreaktion (anxiety response) → Angst

Angstunterbrechungsreaktion (anxiety-relief-response)

Durch einen Konditionierungsprozeß erworbene Reaktion, die ausgelöst werden kann, um Angstgefühle herabzusetzen. Eine solche Reaktion kann aufgebaut werden, indem man dem Patienten z. B. über Hand- oder Armelektroden einen kontinuierlich ansteigenden Schock verabreicht und ihn auffordert, das Wort »ruhig« auszusprechen, wenn der Schmerz zu stark wird. Beim Aussprechen dieses Wortes wird der Schock sofort beendet. Diesen Vorgang wiederholt man pro Sitzung etwa 10–20 mal; schon nach wenigen Sitzungen genügt meist das bloße Aussprechen des Wortes »ruhig«, um irgendwelche Angstgefühle herabzusetzen. Bei Phobien ließen sich mit dieser Methode beachtliche Erfolge erzielen.

Annäherungsgradient (approach gradient)

Bezeichnet und beschreibt die Gesetzmäßigkeit, daß die Anziehungskraft (→ *Anreiz*) eines positiven Ziels mit zunehmender Nähe steigt.

Anpassung (adjustment)

Bezeichnet sowohl den Ablauf als auch das Ergebnis von Verhaltensweisen, durch die das Individuum bzw. der Organismus eine harmonische Beziehung zu seiner sozialen und/oder physikalischen Umwelt herbeiführt und wodurch die meisten Bedürfnisse des Individuums sowie die meisten Anforderungen an das Individuum erfüllt werden. Diese Auffassung entspricht der darwinistischen Anschauung von H. → *Spencer,* daß Leben durch fortwährende Anpassung charakterisiert sei. In der neueren Sozialpsychologie und Soziologie wird der Begriff meist enger gefaßt und bezieht sich auf durch ständige Umweltveränderungen ausgelöste Neuorientierungsprozesse, die ein Verhalten bewirken, das es dem Individuum gestattet, seine eigenen Ziele zu verwirklichen, ohne dabei sich selbst oder den Mitmenschen Schaden zuzufügen (vgl. → *Adaptation*; → *Verhalten, abweichendes*).

Anreiz (incentive)

Ansporn. Bezeichnung für das Ausmaß der »Anziehungskraft«, die ein Reizobjekt auf den Organismus ausübt. Anreiz ist der relative Gewinn, d. h. die Bedürfnisbefriedigung bzw. der Ertrag vermindert um den dafür zu leistenden Aufwand.

Antizipation (anticipation)

→ *Erwartung* oder vorstellungsmäßige Vorwegnahme eines Ereignisses, bzw. eines bestimmten Denk- oder Handlungsziels.

Antizipierende Reaktion (anticipatory reaction)

Verfrühtes Auftreten einer bestimmten, auf ein Ziel gerichteten Reaktion oder Verhaltensweise, wobei die Situation zum Reagieren zwar gegeben ist, der spezifische → *Auslöser* oder das entsprechende Signal aber noch nicht gegeben wurde. Ein Beispiel dafür ist der Fehlstart bei einem Schnellauf.

Antrieb (drive) → Trieb

Antwort (response) → Reaktion

Appetenzverhalten (appetitive behavior) → Verhalten, appetitives

Arbeitstherapie (work therapy)

Ergotherapie. Anwendung von sinnvoller Arbeit als therapeutisches Hilfsmittel, mit der Absicht, den psychisch Kranken auf das normale Leben in der Gesellschaft vorzubereiten (vgl. → *Beschäftigungstherapie*).

Arousal (arousal) → Aktivation

Assoziation (association)

Durch Erfahrung oder Lernen erworbene funktionelle Verbindung zwischen psychischen Phänomenen, wobei das Auftreten der einen Komponente meist die andere hervorruft. Assoziationen bilden die Grundlage für Konditionierungsprozesse (→ *Konditionierung*). Die Assoziationspsychologie versucht das menschliche Denken und Verhalten in Elemente zu zerlegen und durch Assoziationsgesetze (→ *Kontiguität*, Assimilation, Häufigkeit, Intensität, Dauer, Zusammenhang, Bekanntheitsgrad usw.) zu erklären.

Assoziation, vermittelnde (mediate association)

Gedankliche Verbindung von zwei Begriffen durch indirekte Verknüpfung mit Hilfe von dazwischengeschobenen Begriffen wie die sog. Eselsbrücken (vgl. → *Verhalten, vermittelndes*, → *Vermittlungstheorie*).

Auffrischungssitzung (booster session) → Unterstützungssitzung

aufgeschobene Reaktion (delayed response) → Reaktion, verzögerte

Aufmerksamkeit (attention)

Allgemeine und vielseitig verwendete Bezeichnung für die wahrnehmungsmäßige Selektion eines bestimmten → *Reizes* oder Reizmusters, die Bestandteil einer komplexen Reizsituation sind. Dabei passen sich Sinnesorgane und/oder Zentralnervensystem auf eine für die betreffenden Reize optimale Weise an, so daß die Nervenerregungen optimal werden.

Ausblenden (fading out)

Langsames Weglassen eines → *Verstärkers* oder einer Verhaltenshilfe bei der → *Verhaltensformung* bzw. Verringerung der Intensität eines diskriminativen Reizes (→ *Reiz, diskriminativer*) beim → *Unterscheidungslernen* (→ *Diskrimination*).

Ausgangsdaten (baseline)

Baseline, Basislinie, Grundkurve, Grundlinie. Häufigkeit (→ *Spontanrate*), und Bedingungen, unter denen eine → *Reaktion* auftritt, bevor mit einer Verstärkungs- oder Abschwächungsprozedur begonnen wird. Bei der → *Verhaltensmodifikation* müssen das zu behandelnde → *Problemverhalten* und die Bedingungen, unter denen es auftritt, bzw. die Art und Weise, wie es sich entwickelte, d. h. bisher verstärkt wurde, genau untersucht werden, bevor man mit einem eigentlichen Modifizierungsverfahren beginnt. In vielen Fällen bewirkt aber bereits die Erhebung der Ausgangsdaten eine Besserung, besonders wenn sie mit Selbstbeobachtung und Selbstprotokollieren verbunden ist.

Ausgelöstes Verhalten (elicited behavior) → Verhalten, respondentes

Auslöser (releaser)

Ein → *Reiz* oder eine Reizkonfiguration (→ *Reizmuster*), die ein ganz bestimmtes Verhalten hervorrufen. Der Begriff wird in der → *Verhaltensmodifikation* ganz generell angewendet und nicht wie in der Ethologie (→ *Verhaltensforschung*) bloß im Zusammenhang mit angeborenen Reaktionen.

Auszeit (time out)

Zwischen einzelnen Durchgängen eingeschobene Pause bei der instrumentellen Konditionierung (→ *Konditionierung, operante*). Dabei werden entweder die Reaktionen des Versuchstieres durch einen negativen Reiz unterdrückt (→ *Reizdiskrimination*), oder es wird durch eine besondere Vorrichtung (z. B. Barierre, Zurückziehen des Reaktionshebels) bzw. durch völlige

Dunkelheit am Reagieren gehindert. Auszeit läßt sich auch als Bestrafung (→ *Strafe*, → *Strafstimulus*) für falsches Reagieren einsetzen und kann als eine Art → *Verstärkerentzug* aufgefaßt werden.
In der → *Verhaltensmodifikation* des Menschen ist Auszeit meist die kurzzeitige soziale Isolierung als Bestrafung für unerwünschte Verhaltensweisen.

Autogenes Training (autogenic training)

Von J. H. Schultz entwickelte Methode, durch eine Art autosuggestiver Entspannung (→ *Autosuggestion*, → *Entspannungstechniken*) bestimmte Körperfunktionen zu beeinflussen und so z. B. Spannungszustände, Schmerz oder Schlaflosigkeit zu überwinden. Sie kann wie andere Entspannungsmethoden (z. B. → *progressive Entspannung*) auch in der Verhaltenstherapie, z. B. für systematische → *Desensibilisierung*, angewendet und durch technische Hilfsmittel wie z. B. → *Biofeedback* unterstützt werden.

Autohypnose (autohypnosis)

Eine → *Hypnose*, die ein Individuum bei sich selbst erzeugt.

Autosuggestion (autosuggestion)

Selbstbeeinflussung, Selbstsuggestion. Form der Suggestion, die ein Individuum ohne äußere Einwirkungen bei sich selbst vornimmt und wodurch es sein eigenes Verhalten und Erleben beeinflußt. Autosuggestion kann sich auch auf den körperlichen Bereich auswirken und wird deshalb bei → *Entspannungstechniken* angewendet.

Aversionstherapie (aversion therapy)

Verhaltenstherapeutische Methode zur Behandlung von sexuellen Perversionen wie Fetischismus, Transvestismus oder Homosexualität sowie auch von Alkoholismus. Unerwünschte Reaktionen oder entsprechende Vorstellungen bzw. durch Filmvorführungen gezeigte Reaktionen werden mit aversiven Reizen (→ *Reiz, aversiver*) gekoppelt, wodurch diese mit unangenehmen Assoziationen belegt werden und verschwinden. Solche Reize sind entweder physischer Art, z. B. elektrische Schläge und unangenehme Gerüche, oder psychischer Art, z. B. durch entsprechende Vorstellungen hervorgerufene Übelkeit (vgl. → *Sensibilisierung, verdeckte*). Die Wirksamkeit der Aversionstherapien ist allerdings umstritten, und sie werden heute mehr und mehr durch Techniken der → *Selbstkontrolle* ersetzt.

Aversive Konditionierung (aversive conditioning) → Konditionierung, aversive

Aversive Kontrolle (aversive control)

Kontrolle des Verhaltens durch aversive Reize oder Konsequenzen (→ *Reizkontrolle*). Die dazu am häufigsten verwendeten Verfahren sind: 1. Positive und negative Bestrafung (→ *Strafe*), d. h. reaktionsabhängiges Verabreichen von aversiven Reizen (→ *Reiz, aversiver*) bzw. Wegnehmen von positiven → *Verstärkern* (→ *Verstärkerentzug*, → *Auszeit*); 2. Reaktionsabhängiges Wegnehmen von aversiven Reizen wie z. B. bei Flucht- und Vermeidungsreaktionen (→ *Vermeidungslernen*); 3. Klassische aversive Konditionierung (→ *Konditionierung, aversive*) von neutralen oder positiven Reizen durch deren Koppelung mit aversiven Reizen.

Aversiver Reiz (aversive stimulus) → Reiz, aversiver

Azrin, Nathan Harold

* 26. 11. 1930 in Boston (Massachusetts). Psychologiestudium an der Boston University und an der Harvard University in Cambridge, Massachusetts. Wissenschaftlicher Mitarbeiter an der Boston University School of Medicine und an der Harvard University School of Medicine. Seit 1957 Direktor des Behavior Research Laboratory am Anna State Hospital und seit 1966 Professor an der Southern Illinois University.
Arbeitsgebiet: Verhaltenstherapie, Konditionierung und aggressives Verhalten.
W. Werke: *The Token Economy: A Motivational System for Therapy and Rehabilitation*, New York 1968 (mit T. Ayllon); *Toilet training in less than a day: How to do it*, New York 1974 (mit R. M. Foxx).

Bahnung (facilitation)

Physiologischer Begriff für die durch zentralnervöse Prozesse bedingte → *Erregung* eines Neurons durch andere Neurone, wodurch dessen Leitfähigkeit wie dessen Erregbarkeit durch Außenreize zunimmt.

Bandura, Albert

* 4. 12. 1925, Alberta (Kanada). Psychologiestudium an der University of Iowa. Berufliche Weiterbildung in klinischer Psychologie. Seit 1964 Professor für Psychologie an der Stanford University in Stanford, California. Arbeitsgebiet: Theorie des sozialen Lernens, Persönlichkeitsentwicklung, Psychotherapie und Prozesse sozialer Beeinflussung.
W. Werke: *Adolescent Aggression,* New York 1959 (mit R. H. Walters); *Social Learning and Personality Development,* New York 1963 (mit R. H. Walters); *Principles of Behavior Modification,* New York 1969; *Psychological Modeling: Conflicting Theories,* New York 1971 (Hrsg.); *Aggression: A Social Learning Analysis,* Englewood Cliffs, N. J., 1973; *Social Learning Theory,* Englewood Cliffs, N. J. 1976.

Bechterew, Vladimir

* 22. 1. 1857 in Wjatka, † 24. 12. 1927 in Leningrad. Professor für Psychiatrie und Neurologie an der Militär-Medizinischen Akademie in Petersburg und Direktor des von ihm gegründeten Psychoneurologischen Instituts. Gilt mit I. P. → *Pawlow* als Begründer der → *objektiven Psychologie* und focht mit ihm scharfe Kontroversen aus. Arbeitete als Kliniker und Hirnforscher ebenfalls über Reflexe und analysierte das gesamte soziale Leben von einem reflexologischen Standpunkt aus.
W. Werke: *Die Bedeutung der Suggestion im sozialen Leben,* 1905; *Die kollektive Reflexologie,* 1928.

Bedürfnis (need)

Allgemein ein mit Antrieb, → *Trieb* und → *Motivation* in Zusammenhang stehender Zustand des Organismus, der ein Such- oder Zuwendungsverhalten bewirkt. Im biologischen Sinne versteht man darunter einen Mangelzustand (Bedarf), der das physiologische Gleichgewicht stört. Dadurch wird der Organismus veranlaßt, diesen Mangelzustand zu beseitigen. Unter diesem Aspekt ist Bedürfnis das psychische Korrelat des körperlichen Bedarfs.

Behalten (retention) → Gedächtnis

Behaviorismus (behaviorism)

Extreme Form der → *objektiven Psychologie*, welche eine möglichst objektive Betrachtungsweise des beobachtbaren offenen Verhaltens von Mensch und Tier anstrebt. Heute ist der Behaviorismus noch eine weitgehend akzeptierte methodische Grundlage für einen Großteil der psychologischen Forschung. »Psychologie, wie sie der Behaviorist sieht, ist ein vollkommen objektiver, experimenteller Zweig der Naturwissenschaft. Ihr theoretisches Ziel ist die Vorhersage und Kontrolle von Verhalten. Introspektion spielt keine wesentliche Rolle.« So eröffnete John B. → *Watson* 1913 das Programm des Behaviorismus, der sich als Ablösung von Seelenmetaphysik, Erlebnis- oder Bewußtseinspsychologie verstand und deshalb »gegen einen unaufhörlichen Strom der Entrüstung anzukämpfen hatte« (Watson: Einleitung zu *Behaviorismus*, 1925, rev. 1930; dt. 1968). Das Bewußtsein wird nicht negiert – es war William → *James* gewesen, der es in seinem Aufsatz *Does Consciousness Exist*? 1904 als Fiktion erklärt hatte –, jedoch als Forschungsgegenstand der Psychologie verworfen, weshalb auch der gesamte Wortschatz geändert werden muß. Einziger Gegenstand ist das direkt beobachtbare oder mit Instrumenten feststellbare Verhalten von Tier und Mensch, zur Hauptsache aufgefaßt als Anpassungsvorgänge von Organismen an ihre äußere wie innere Umwelt durch Beantwortung (→ *Reaktion*) von äußeren und inneren (viszeralen) Reizen (Objekten) oder Reizsituationen. Unter Reaktionen fallen auch »höher organisierte Tätigkeiten wie Wolkenkratzer errichten, Pläne schmieden, Bücher schreiben« respektive »komplexere Verhaltensformen wie Vorstellung, Urteil, Schlußfolgern und Begriffsbildung«. Reaktions- bzw. Vollzugsorgane sind Muskeln und Drüsen. Der Organismus selbst wird als sog. Black-Box betrachtet. Sein Verhalten lasse sich durch entsprechende Umweltreize kontrollieren und – falls diese bekannt sind – voraussagen. Die biologischen Grundlagen des Verhaltens sowie die Relevanz der Hirnforschung für psychologische Fragestellungen werden deshalb abgelehnt.

Der Mensch unterscheide sich vom Tier durch die stärkere Ausbildung von drei »Gewohnheitssystemen«, nämlich den manuellen, emotionalen (viszeralen) und verbalen Gewohnheiten. Während Gefühle (und Einstellungen) als zumeist außerordentlich komplexe »emotionale Reaktionen« beider Gruppen von Vollzugsorganen gelten, sind Sprechen und Denken »Kehlkopfgewohnheiten«. Denken faßt Watson als »inneres« oder »lautloses« Zu-sich-selbst-Sprechen »hinter verschlossenen Lippen« auf, und dies ist »als Verhalten genauso objektiv wie Baseballspielen«. Da aber Denkvorgänge durch ganz feine Kontraktionen der »verborgenen Muskulatur« ausgeführt werden, die sich genau genommen nicht nur in der Kehle, sondern auch in Zunge, Wange und Brust befindet, kann die Behauptung gewagt werden, »daß der Mensch mit seinem *ganzen Körper* sowohl spricht als auch denkt – so wie er alles andere auch mit seinem ganzen Körper tut«. Freilich fehlen – wie Watson meinte: vorderhand – die zur Erforschung dieser »impliziten« Wortreaktionen notwendigen Methoden und Instrumente.
Obwohl Watson die Ausbildung von Gewohnheiten als Kombination von ungelernten Verhaltenselementen betrachtet (→ *Konditionierung* als Organisationsprozesse), befindet er sich bereits auf dem Weg zu einer gesamtheitlichen Betrachtung, wenn er meint, alle drei Gewohnheitsarten »sind erforderlich für eine vollständige Reaktion«, es sind »Teile einer einzigen umfassenden Funktion« (Funktion = gut gelernte Gewohnheit), einer »Gesamtgewohnheit«. Dabei kann im Ablauf der Aktivitäten ein Stückweit der eine Teil, eine Zeitlang ein anderer Teil dominieren. Geht die Anpassungsaktivität an eine Situation (Denkproblem) in Form einer manuellen oder viszeralen Organisation vor sich, so »geht das Denken *ohne* Worte vonstatten«. Nur die Endreaktion bzw. die erfolgreiche Anpassung muß verbal (lautlos) sein; Watson bezeichnet sie als »Urteil«.
Bedeutsam für den Behaviorismus ist ferner die Annahme, daß alle gesunden Menschen bei der Geburt »mit der gleichen Ausstattung beginnen«. Es ist das nachher einsetzende »Umwelttraining«, das »den einen zum Holzfäller und zum Wasserträger, den andern zum Diplomaten, Dieb, zum erfolgreichen Geschäftsmann oder weltberühmten Wissenschaftler« macht. Das Ergebnis, die Summe aller → *Aktivitäten*, die sich als Querschnitt durch die Organisation (Gewohnheitssysteme) des Individuums darstellen läßt wie in einer Kartei, ist die »Persönlichkeit«. Gei-

steskrankheiten gelten als »Verhaltensstörungen« oder »Gewohnheitskonflikte«.
Der Behaviorismus wurde später durch die *Neobehavioristen* wesentlich abgeschwächt. Der *molekulare* Behaviorismus von Watson versuchte das Verhalten als aus kleinstmöglichen Verhaltenseinheiten *(→ Reflexe)* aufgebaut zu erklären; der *molare* Behaviorismus (z. B. E. C. → *Tolman*) ging mehr von den ganzheitlichen und zweckgerichteten Aspekten (→ *Verhalten, zielorientiertes*) aus, und der *deskriptive* Behaviorismus (z. B. B. F. → *Skinner*) schließlich erklärt das Verhalten mit operational definierten Beobachtungsgrößen und ihren Beziehungen untereinander. Der Behaviorismus leistete wesentliche Beiträge zur Erforschung der Bedingungen und Formen von Verhaltensänderungen (→ *Konditionierung*, → *Lernen*) und brachte die Psychologie auf den Weg zu einer exakten Wissenschaft.

Bekräftigung (reinforcement) → Verstärkung

Belohnung (reward)

Allgemeine Bezeichnung für bedürfnisbefriedigende → *Reize* (z. B. Futter im Konditionierungsexperiment; Anerkennung oder soziale Belohnung bei der → *Verhaltensmodifikation*), die nach erfolgreichem Vollzug einer Handlung oder Leistung verabreicht werden. Gemäß dem → *Effektgesetz* (E. L. → *Thorndike*) erhöht sich dadurch die Auftretenswahrscheinlichkeit dieser Handlung in den folgenden Versuchsdurchgängen. Belohnung ist ein Mittel der primären Verstärkung (→ *Verstärkung, primäre*) und wird oft als Synonym für diesen Begriff verwendet.

Belohnungserwartung (reward expectancy)

Lohnerwartung. Ein von E. C. → *Tolman* postulierter Zustand, der im Organismus erzeugt wird, wenn er sich mit einer Reizsituation konfrontiert sieht, die mit solchen ähnlich ist, in denen früher Belohnungen verabreicht wurden. Die Belohnungserwartung äußert sich durch charakteristisches Such- oder Appetenzverhalten (→ *Verhalten, appetitives*), das in solchen Situationen auftritt.

Beobachtungslernen (observational learning) → Modellernen

Bereitschaft (readiness) → Gesetz der Bereitschaft

Bergold, Jarg B.

* 30. 4. 1939 in Nürnberg. Studierte Jurisprudenz und Psychologie an den Universitäten Erlangen, Saarbrücken und Freiburg. Ausbildung in Verhaltenstherapie am Institute of Psychiatry in London bei H. J. → *Eysenck* und S. → *Rachman*. Tätigkeit als klinischer Psychologe am Psychologischen Institut München und an der Universitätsklinik Bern. Seit 1974 Professor am Psychologischen Institut der Universität Berlin.
Arbeitsgebiet: Therapieforschung, speziell Patient-Therapeut-Beziehung, Verlaufsanalysen therapeutischer Prozesse, Motivation von Unterschichtangehörigen zur Therapie, Theorie und Praxis der Angstgenese und Angstreduktion.
W. Werke: *Verhaltenstherapie bei Phobien*, München 1975 (mit S. Rachman). »Verhaltensindikatoren der Angst«, in: Chr. Kraiker (Hrsg.) *Handbuch der Verhaltenstherapie*, München ²1974.

Beschäftigungstherapie (occupational therapy)

Behandlungsform für psychische oder körperliche Erkrankungen, speziell für schwere Psychosen. Dabei versucht man durch spielerische Tätigkeit im Patienten schöpferische Kräfte zu wekken und dadurch Spannungen sowie erstarrte Verhaltensmuster aufzulösen. Geeignet ist jede sinnvolle Beschäftigung gestalterisch manueller Art wie das Anfertigen kunstgewerblicher Gegenstände, Malen oder Musizieren. Die Behandlung kann unspezifisch oder auf bestimmte Symptome gerichtet sein. Bei körperlichen Störungen wird mit Hilfe der Beschäftigungstherapie meist die Betätigung bestimmter Muskelgruppen eingeübt (vgl. → *Arbeitstherapie*).

Bestrafung (punishment) → Strafe

Biofeedback (biofeedback)

Rückmeldung von nicht direkt wahrnehmbaren physiologischen Prozessen wie z. B. Herzfrequenz, Blutdruck, elektrische Muskel- oder Hirnaktivität durch ein wahrnehmbares Signal. Man benötigt dazu einen Biorezeptor, der die betreffende Organfunktion erfassen und als elektrische Potentiale darstellen kann.

Diese Potentiale werden verstärkt und in direkt wahrnehmbare visuelle oder akustische Signale umgeformt (siehe Abbildung). Mit solchen exterozeptiven Feedbackschleifen kann der Organismus lernen, auch sogenannte unwillkürliche oder autonome Körperfunktionen ähnlich wie willkürliche Körperbewegungen zu kontrollieren, d. h. autonome Reaktionen werden operant konditioniert (→ *Konditionierung, operante*). Die Methode findet vielseitige Verwendung, so u. a. auch als Hilfsmittel zur Entspannung in → *Entspannungstherapien* oder bei der systematischen → *Desensibilisierung*.

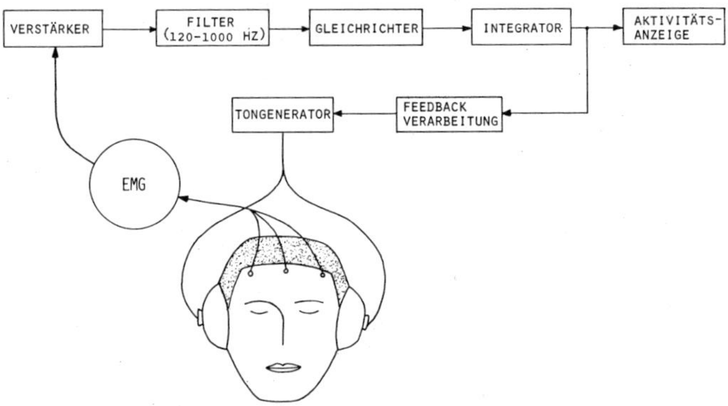

Biofeedback: Der Spannungszustand eines Muskels äußert sich durch elektrische Potentialschwankungen (EMG). Diese können durch Elektroden an der Hautoberfläche erfaßt werden. Auf elektronischem Wege wird ein Tonsignal erzeugt, dessen Höhe dem momentanen Spannungszustand des Muskels entspricht. Diese Information genügt, um Muskelentspannung zu erlernen (aus: Barber et al., 1971).

Birbaumer, Niels

* 11. 5. 1945 in Ottau (CSSR). Psychologiestudium in Wien. Ab 1970 wissenschaftlicher Angestellter am Psychologischen Institut der Universität München, Abteilung für Klinische Psychologie und ab 1975 Professor für Psychologie (Klinische Psychologie) am Psychologischen Institut der Universität Tübingen. Arbeitsgebiet: Physiologische Psychologie, Psychophysiologie sowie Verhaltensmodifikation mit Anwendung von → *Biofeedback* bei Angststörungen und psychophysiologischen Störungen.

W. Werke: *Neuropsychologie der Angst* (Hrsg.) München/Berlin/Wien 1973; *Physiologische Psychologie*, Berlin/Heidelberg/New York 1975; »Zur Anwendung psychophysiologischer Methoden in der Verhaltensmodifikation«, in: Chr. Kraiker (Hrsg.) *Handbuch der Verhaltenstherapie*, München ²1974.

Blindversuch (blind analysis)

Versuchsanordnung, bei der entweder der Versuchsleiter bzw. die Versuchsperson oder auch beide (Doppelblindversuch) die entscheidenden Bedingungen der Versuchsdurchführung nicht kennen. Der Doppelblindversuch wird speziell auch zum Testen der Wirksamkeit von Pharmaka eingesetzt. Dabei wissen weder der Versuchsleiter noch die Versuchspersonen, wer die zu testende Substanz und wer das Kontrollpräparat (Placebo) erhält. In der psychologischen Diagnostik wird der Blindversuch als Kontrollverfahren verwendet, wobei der beurteilende Psychologe nur die Testdaten und/oder die Verhaltensprotokolle sieht, nicht aber den Patienten selbst.

Blöschl, Lilian

* 27. 2. 1936 in Wien. Psychologiestudium an der Universität Wien. 1970 Professor und Leiter der Abteilung für Klinische Psychologie am Psychologischen Institut der Universität Düsseldorf, seit 1971 Professor für Pädagogische Psychologie an der Universität Graz.
Arbeitsgebiet: Lernpsychologie und Verhaltenstherapie, speziell Modifikation kindlicher Verhaltensstörungen, Verhaltenstheorie und -therapie depressiver Reaktionen.
W. Werke: *Belohnung und Bestrafung im Lernexperiment*, Weinheim 1969, 1970; *Grundlagen und Methoden der Verhaltenstherapie*, Bern 1969, 1974.

Bower, Gordon Howard

* 30. 12. 1932 in Scio (Ohio). Psychologiestudium an der Yale University. Seit 1966 Professor an der Stanford University in Stanford, California.
Arbeitsgebiet: Menschliches Lernen und Gedächtnis, Informationsverarbeitung, Sprache und Vorstellung.
W. Werke: *Theories of Learning*, New York 1966, überarbeitet

1975 (mit E. R. → *Hilgard*); *Attention in Learning* 1968 (mit T. Trabasso); *Introduction to Mathematical Learning Theory*, New York 1965 (mit R. C. Atkinson and E. Crothers); *Assert Yourself*, Reading, Mass., 1976 (mit S. A. Bower).

Brengelmann, Johannes C.

* 15. 2. 1920 in Odenburg bei Essen. Studium an der Universität Göttingen mit Staatsexamen und Promotion zunächst in Medizin und anschließend in Psychologie. Berufliche Weiterbildung am Maudsley Hospital in London bei H. J. → *Eysenck*; Promotion an der Universität London mit einer Arbeit über den Einfluß der Elektroschockbehandlung auf die Lernfähigkeit depressiver Patienten und schließlich mehrjährige Tätigkeit in den USA. Brengelmann ist gegenwärtig Leiter der Psychologischen Abteilung und Direktor am Max-Planck-Institut für Psychiatrie in München.
Arbeitsgebiet: Persönlichkeit, Abnormität und Verhaltenstherapie.
W. Werke: *Perceptual Processes and Mental Illness*, London 1957 (mit H. J. → *Eysenck* und G. W. Granger); *The Effect of Repeated Electroshock on Learning in Depressives*, Heidelberg 1959; *Behaviour Therapy – Verhaltenstherapie*, München 1973 (Hrsg. mit W. → *Tunner*).

Brunswik, Egon

* 18. 3. 1903 in Budapest, † 7. 7. 1955 in Berkeley (Kalifornien). Psychologiestudium und anschließend Privatdozent in Wien. Ging 1937 an die University of California in Berkeley, wo er 1947 Professor wurde. Brunswik gilt als Gestalttheoretiker. Experimentierte im Bereich der Sehwahrnehmung, des Denkens und des Gedächtnisses.
W. Werke: *Wahrnehmung und Gegenstandswelt*, 1934; *Experimentelle Psychologie in Demonstrationen*, 1935; *Systematic and Representative Design*, 1947; *The Conceptual Framework of Psychology*, 1952.

Butollo, Willi

* 22. 9. 1944 in Eberstein (Kärnten). Psychologiestudium in Wien. Weiterbildung in Graz, Konstanz, Mainz und London.

Seit 1974 Professor und Leiter der Abteilung für Klinische Psychologie der Universität München.
Arbeitsgebiet: Experimentelle Lernpsychologie, Entwicklungspsychologie, Experimentelle Klinische Psychologie, Psychologische Methodik.
W. Werke: *Subjektive und objektive Ähnlichkeit im verbalen Lernen*, Wien 1968; *Experimente zur Modifikation aversiver Reaktionen*, 1974; *Neue Untersuchungen zur Angsttherapie*, München 1975.

Catania, Anthony Charles

* 22. 6. 1936 in New York. Psychologiestudium an der Columbia University und Harvard University. 1964–1973 Professor am University College of Arts and Science, New York und seit 1973 Professor an der University of Maryland Baltimore County.
Arbeitsgebiet: Experimentelle Analyse von Verhalten, Psychopharmakologie und Psychophysik.
W. Werke: »Concurrent operants«, in: W. K. → *Honig* (Hrsg.), *Operant Behavior: Areas of Research and Application*, New York 1966; *Contemporary Research in Operant Behavior*, Glenview, Ill., 1968 (Hrsg.); »Elicitation, reinforcement and stimulus control«, in: R. Glaser (Hrsg.), *The Nature of Reinforcement*, New York 1971; »The nature of learning«, in: J. A. Nevin und G. S. Reynolds (Hrsg.), *The Study of Behavior: Learning, Motivation, Emotion and Instinct*, Glenview, Ill., 1973.

Cattell, James McKeen

* 25. 5. 1860 in Easton (Pennsylvania), † 20. 1. 1944 in Garrison (New Jersey). Studierte in Göttingen, Leipzig, Paris und Genf. Professor an der Columbia University. Er führte die exakte experimentelle Psychologie in Amerika ein, erforschte Reaktionszeiten und Assoziationsbildung und beschäftigte sich auch mit Problemen der Psychophysik und der individuellen Verschiedenheit der menschlichen Natur und der menschlichen Fähigkeiten.

W. Werke: *Mental tests and their measurement*, Mind 1890; *On the Perception of Small Differences*, 1892 (mit G. S. Fullerton); »On reaction-time and the velocity of the nervous impulse«, in: *Psychol. Rev.* 1896 (mit C. S. Dolley).

Cattell, Raymond Bernhard

* 20. 3. 1905 in West Bromwich (GB). Studium an der University of London. Seit 1945 Professor an der University of Illinois in Urbana, USA.
Arbeitsgebiet: Persönlichkeits-, Lern- und Motivationstheorien, Sozialpsychologie,mathematische Modelle und statistische Methoden. Entwickelte auf statistischer und faktorenanalytischer Grundlage objektive Meßverfahren für Motivation bei Mensch und Tier und führte psychometrische und mathematische Modelle in die Sozialpsychologie ein.
W. Werke: *The Cattell Intelligence Tests*, London 1934; *A Guide to Mental Testing*, London 1937; *General Psychology*, 1941; *Personality*, New York 1950; *Factor Analysis*, New York 1952; *The Culture Free Intelligence Tests*, New York 1953; *Personality and Motivation Structure and Measurement*, New York 1957; *Personality and Social Psychology*, San Diego 1964.

Cautela, Joseph Richard

* 21. 2. 1927. Psychologiestudium am Boston College. Berufliche Tätigkeit an verschiedenen amerikanischen Kliniken und Universitäten. Zur Zeit Professor für Psychologie am Boston College.
Arbeitsgebiet: Verhaltenstherapie und Lerntheorien.
W. Werke: »Covert sensitization«, in: *Psychological Records*, 20, 1967; »Behavior therapy and self-control: Techniques and implications«, in: C. M. Franks (Hrsg.), *Behavior Therapy: Appraisal and Status*, New York 1969; »Covert Conditioning«, in: A. Jacobs und L. B. Sachs (Hrsg.), *Psychology of Private Events*, New York 1971.

Cohen, Rudolf

* 19. 6. 1932 in München. Nach Ausbildung zum Volksschullehrer Studium in Psychologie und Psychopathologie in München und Hamburg. Psychoanalytische Ausbildung in Hamburg. Gegenwärtig Professor für klinische Psychologie an der Universität Konstanz und Leiter einer Forschungsstation im Psychiatrischen Landeskrankenhaus Reichenau.
Arbeitsgebiet: Verhaltenstherapie, Psychophysiologische Grundlagenforschung zur Schizophrenie, Denk- und Sprachstörungen bei Aphatikern.

W. Werke: »Grundlagen der Verhaltenstherapie«, in: C. H. Bachmann (Hrsg.) *Verhaltenstherapie und Psychoanalyse*, Frankfurt 1972; »Dreijährige Erfahrungen mit einem Münzsystem auf einer Station für extrem inaktive, chronisch schizophrene Patienten«, in: *Zs. f. Klin. Psychol.*, 1973, 2, 243–277.

Correll, Werner

* 29. 6. 1928 in Wasseralfingen, Württemberg. Studium der Philosophie, Pädagogik, Psychologie und Anglistik an der Universität Tübingen. Forschungsaufenthalte in den USA. Seit 1961 Professor für Psychologie in Flensburg und seit 1964 in Gießen.
Arbeitsgebiet: Lernpsychologie, Verhaltenspsychologie, Führungs- und Überzeugungspsychologie, Konflikt- und Persönlichkeitspsychologie.
W. Werke: *Lernpsychologie*, Donauwörth [14]1974; *Lernstörungen beim Schulkind*, Donauwörth [9]1972; *Programmiertes Lernen und schöpferisches Denken*, München/Basel [6]1973; *Pädagogische Verhaltenspsychologie*, München/Basel [5]1973; *Einführung in die pädagogische Psychologie*, Donauwörth [6]1973; *Denken und Lernen*, Braunschweig [2]1970 (mit B. F. → *Skinner*); *Lernen und Verhalten*, Frankfurt [2]1973; *Ehekonflikte – Konfliktehen. Psychologie der Partnerschaft*, München 1972; *Persönlichkeitspsychologie*, Donauwörth 1976.

Coverant-Kontrolle (coverant control) → Kontingenz-Management

CS: Konditioneller Reiz (conditioned stimulus) → Konditionierung, klassische

CR: Konditionierte Reaktion (conditioned reaction) → Konditionierung, klassische

Darwin, Charles Robert

* 12. 2. 1809 in Shrewsbury, † 19. 4. 1882 in Down bei Beckenham. Studierte in Edinburgh und Cambridge, anschließend fünfjährige Forschungsreise nach Südamerika und im Pazifik. Lebte nachher zurückgezogen auf seinem Landsitz in Down. Zweifelte an der Lehre der Unveränderlichkeit der Arten und schuf die

epochemachende Deszendenztheorie. Von Bedeutung für die Psychologie ist Darwins Hinweis, daß sich nicht nur die Körperstruktur, sondern auch die psychischen Funktionen im Laufe der Stammesgeschichte entwickelt haben. Auf diese These stützt sich die → *vergleichende Psychologie* und ihre Modelluntersuchungen im Tierversuch. Darwins Lehre hatte einen starken Einfluß auf Wissenschaftler wie L. → *Morgan*, I. M. → *Sechenow*, I. P. → *Pawlow*, S. Freud und die Funktionalisten.
W. Werke: *On the Origin of Species by Means of Natural Selection*, 1859; *The Variation of Animals and Plants under Domestication*, 1868; *The Descent of Man, an Selection in Relation to Sex*, 1871; *The Expression of Emotions in Man and Animals*, 1872.

Dekonditionierung (deconditioning) → Entkonditionierung

Denken (thinking)

Verdecktes Verhalten (→ *Verhalten, verdecktes*) oder ein Prozeß, in dessen Verlauf ein Gegenstand oder Problem bzw. Aspekte von Gegenständen, Situationen oder Problemen erfaßt und verarbeitet werden. Zum Denkprozeß gehören Vorgänge wie Beurteilen, Abstrahieren, Begriffsbildung, Überlegen, Schlüsseziehen, Erinnern, Vorstellen und Antizipieren.

Deprivation (deprivation)

Entzug. Allgemein ein Entzugs- oder Mangelzustand. Im Tierexperiment wird oft eine Futter- und/oder Wasserdeprivation von bestimmter Dauer, z. B. 22 Stunden, angewendet, um ein definiertes Triebniveau zu erreichen.

Desensibilisierung (desensitization)

Desensitisation, Desensitivierung. Maßnahmen, die dazu geeignet sind, die Koppelung von furchtinduzierenden Reizen mit Angstreaktionen zu löschen. Der Effekt der angstauslösenden Reize wird dabei durch tiefe Muskelentspannung vermindert oder ganz getilgt. Gemäß einer vorgängig ermittelten → *Angsthierarchie* werden dem Patienten in einem völlig entspannten Zustand stufenweise solche Reize dargeboten, die seine Phobie charakterisieren. Dabei soll sich der Patient zunächst jeweils die

Situation vorstellen, die am wenigsten Angst erzeugt. Dies wird wiederholt, bis er dabei keine Angst mehr verspürt. Dann fährt man mit zunehmend stärkeren Situationen fort. Wegen dieses systematischen Vorgehens wird die Methode auch *systematische Desensibilisierung* genannt. Sie wird besonders bei phobischer Angst, Situationsangst und Schuldgefühlen angewendet. Dabei gibt es zahlreiche Variationen, die z. B. reale Situationen statt Vorstellungen oder andere angstvermindernde Reaktionen anstelle der Entspannung verwenden.

Desensitivierung (desensitization) → Desensibilisierung

Differenzierung (differentiation) → Reaktionsdifferenzierung

Diskrimination (discrimination)

Diskriminierung, Unterscheidung. Allgemein jeder Lernprozeß, der in der Feststellung von Unterschieden endet sowie die dadurch erzielte Verhaltensleistung bzw. die dabei gestellte Verhaltensaufgabe (vgl. → *Reizdiskrimination*, → *Unterscheidungslernen*). Werden die zu unterscheidenden Reize gleichzeitig dargeboten, so spricht man von *simultaner Diskrimination* oder *Simultandiskrimination;* erfolgt die Reizdarbietung nacheinander, so handelt es sich um *sukzessive Diskrimination* oder *Sukzessivdiskrimination.*

Diskriminativer Reiz (discriminative stimulus, S^D) → Reiz, diskriminativer

Diskriminierter Operant (discriminated operant) → Operant, diskriminierter

Disposition (disposition) → Verhaltensdisposition

Dollard, John

* 29. 8. 1900. Studium an der University of Chicago. 1952–1969 Professor für Psychologie an der Yale University. Untersuchte mit N. E. → *Miller* die Beziehungen zwischen → *Verstärkung*, → *Lerntheorien* und → *Psychoanalyse.* Er zeigte, daß Persönlichkeit und Neurosen durch Lernprozesse entstehen und gemäß

den Lerngesetzen mit den sozialen Bedingungen, unter denen sie erworben wurden, variieren.
Arbeitsgebiet: Psychotherapie, Persönlichkeit und Lernen.
W. Werke: *Personality and Psychotherapy: An Analysis in Terms of Learning, Thinking and Culture*, New York 1950 (mit N. E. → *Miller*).

Dreiphasentheorie der Neurosenentstehung

Von H. J. → *Eysenck* und S. → *Rachman* aufgestellte Theorie zur Erklärung der Neurosenentstehung. In der ersten Phase treten eines oder mehrere traumatische Ereignisse auf, die starke vegetative → *Reaktionen* sowie Emotionen hervorrufen. In der zweiten Phase wird ein ursprünglich neutraler → *Reiz* mit dem unkonditionellen Reiz (UCS) assoziiert (→ *Assoziation*), wodurch er ebenfalls zu einem → *Auslöser* für diese Reaktion wird (→ *Konditionierung, klassische*). Bleibt während dieser Phase die → *Verstärkung* durch den unkonditionellen Reiz aus, so wird die Reaktion wieder gelöscht (→ *Löschung*), d. h. die neurotische Störung verschwindet. Tritt dagegen keine Spontanremission (→ *Remission*) ein, so werden durch operante Konditionierung (→ *Konditionierung, operante*) Verhaltensweisen erworben, mit denen das gefürchtete Objekt vermieden werden kann. Diese erlernte Vermeidung verhindert dann eine Löschung der neurotischen Reaktion.

DRH: differentielle Verstärkung großer Häufigkeit (differential reinforcement of high rates) → Verstärkungsplan

DRL: differentielle Verstärkung geringer Häufigkeit (differential reinforcement of low rates) → Verstärkungsplan

DRO: differentielle Verstärkung anderen Verhaltens (differential reinforcement of other behavior) → Verstärkungsplan

Durchgang (trial) → Versuch

Durchsetzungsreaktion (assertive response)

Durchsetzungstraining. Aggressive → *Reaktion*, die aus therapeutischen Gründen erlernt wird, um unangebrachte Angst im

Umgang mit anderen Menschen zu überwinden. Der Patient wird ermuntert, seine normalerweise unterdrückte Wut zum Ausdruck zu bringen, wenn ihn jemand übervorteilt oder einschüchtert. Das Ausführen dieser Reaktion schwächt dann die überängstlichen → *Verhaltensmuster* ab, da sie damit unvereinbar sind. Durchsetzungstraining ist eine Form von → *Selbstsicherheitstraining.*

Ebbinghaus, Hermann

* 24. 1. 1850 in Barmen, † 26. 2. 1909 in Halle. Professor in Breslau und Halle. Gilt als Mitbegründer der Experimentellen Psychologie. Bekannt für seine Untersuchungen über Lernen und Gedächtnis. Begann zunächst im Selbstversuch mit → *sinnlosen Silben* zu experimentieren und bestimmte Lern- und Vergessenskurven (→ *Gedächtnis,* → *Vergessen*).
W. Werke: *Über das Gedächtnis,* 1885; *Grundzüge der Psychologie,* [4]1919; *Abriß der Psychologie,* [8]1922.

Effektgesetz (law of effect)

Erfolgsgesetz, Gesetz der Auswirkung, Gesetz des Effekts. Von E. L. → *Thorndike* vorgenommene Spezifizierung des Darwinschen Selektionsprinzips, das im wesentlichen besagt, die Lernbarkeit eines bestimmten Verhaltens hänge von dessen Auswirkungen auf den Organismus ab: Besteht zwischen einer Situation und einer Reaktion ein bestimmter Zusammenhang, dann erhöht sich die Stärke dieser Verknüpfung (→ *Assoziation*), wenn sie von einem befriedigenden Gesamtzustand begleitet oder gefolgt wird. Dagegen vermindert sich die Stärke der Verknüpfung, wenn sie von einem unbefriedigenden Gesamtzustand gefolgt wird. Später modifizierte Thorndike das Effektgesetz in der Richtung, daß er den negativen Verhaltenskonsequenzen nur noch indirekte Wirkungen zuschrieb. Er bezweifelte, daß die unangenehmen Folgen einer Handlung die Stärke des physiologischen Substrats der Verknüpfung in vergleichbarer Weise vermindern, wie befriedigende Verhaltenskonsequenzen die Verknüpfungsstärke erhöhen. Das Effektgesetz ist allerdings eher eine Definition als ein Gesetz.

Effektgradient (gradient of effect)

Bezeichnet und beschreibt die Gesetzmäßigkeit, daß in einer

Folge von Reiz-Reaktions-Ereignissen, die kurz vor oder nach einem belohnten Ereignis liegenden Verhaltenssequenzen die größere Auftretenswahrscheinlichkeit besitzen als zeitlich entferntere.

Effektor (effector)

Erfolgsorgan. Muskel- oder Drüsensystem, das auf Nervenimpulse reagiert und deshalb zu dem Teil des Organismus gehört, der → *Reaktionen* hervorbringt (vgl. → *Rezeptor*).

Efferenz (efference)

Nervenbahn, die Impulse von den zentralen Regionen zu den Effektoren (Muskeln oder Drüsen) leitet. Diese Impulse werden als efferente oder motorische Impulse bezeichnet (vgl. → *Afferenz*).

Einblenden (fading in)

Langsames Einführen bzw. Intensiverwerden eines diskriminativen Reizes (→ *Reiz, diskriminativer)*, der ein bestimmtes Verhalten unter Kontrolle bringen soll. Es wird z. B. für fehlerloses Unterscheidungslernen (→ *Unterscheidungslernen, fehlerloses*) verwendet.

Einstellung (set)

Relativ kurzzeitige Verhaltensdispositionen, die dadurch gekennzeichnet sind, daß sich ein Organismus auf bestimmte Umweltreize oder -gegebenheiten ausrichtet bzw. einstellt und andere Reize weniger beachtet. Dadurch kommt es zu einer gesteigerten Bereitschaft, auf diese Reize oder Gegebenheiten zu reagieren und/oder sich daran zu orientieren (vgl. → *Aufmerksamkeit*).

Eintauschverstärker (back-up reinforcer)

Tokenbelohnung. Ein → *Verstärker,* der zu einem bestimmten Zeitpunkt durch Eintauschen eines oder mehrerer, früher erworbenen → *Token* bzw. Punkte erhalten werden kann. Eintauschverstärker gelangen in Token-(Verstärkungs)systemen zum Einsatz.

Ekphorie (ecphoria)

Wiederauftreten eines Gedächtnisinhaltes. Aktivierung eines → *Engramms.*

emittiertes Verhalten (emitted behavior) → Verhalten, operantes

emotionale Gegenvorstellung (emotive imagery)

Durch den Therapeuten gelenktes bildhaftes Vorstellen einer gefühlsbetonten, angstunverträglichen Situation oder eines Wunschtraumes. Wird z. B. anstelle muskulärer Entspannung bei der systematischen → *Desensibilisierung* verwendet.

emotionales Verhalten (emotional behavior) → Verhalten, emotionales

Engramm (engram)

Gedächtnisspur, Neurogramm. Postulierte physiologische Grundlage des → *Gedächtnisses.* Es wird angenommen, daß eine länger dauernde → *Erregung,* die z. B. als Folge von → *Lernen* eintritt, zu dauernden strukturellen Änderungen im Nervensystem führt. In einigen Theorien gelten Engramme auch als Grundlage vererbter Verhaltensmechanismen. Das Abspeichern von Engrammen wird als Gedächtniskonsolidierung (→ *Gedächtnis*) bezeichnet, das spontane Abklingen oder Schwächerwerden als → *Abschwächung* (vgl. → *Vergessen,* → *Löschung*).

Enthemmung (disinhibition)

Bei I. P. → *Pawlow* das vorübergehende Ansteigen der Stärke einer konditionierten → *Reaktion* nach Einführen eines irrelevanten Reizes (→ *Konditionierung, klassische*).
Allgemein auch das durch Alkohol oder andere Drogen bewirkte Nachlassen der kortikalen Kontrolle über impulsive und vegetative Reaktionen.

Entkonditionierung (unconditioning)

Dekonditionierung, Wegkonditionierung. Von J. B. → *Watson* vorgeschlagenes Verfahren zum Verlernen (→ *Löschung*) unerwünschter → *Reaktionen,* das ein Vorläufer der heute praktizierten Desensibilierungstherapien (→ *Desensibilisierung*) ist. Nach Watson sollen z. B. Ängste bei Kindern so beseitigt werden, daß man das Kind zunächst schwachen und dann zunehmend stärkeren Dosen des angsterregenden Reizes aussetzt.

Entspannungstechniken (relaxation techniques)

Techniken, die dazu verhelfen, durch psychische Belastung erzeugte Spannungs- und Erregungszustände (→ *Aktivation*) abzubauen, wie z. B. → *autogenes Training,* → *progressive Entspannung,* Atemübungen, gezieltes Organtraining mit → *Biofeedback,* Yoga oder Meditationsübungen. Diese Verfahren gehen von der Tatsache aus, daß psychische Vorgänge eng mit körperlichen verknüpft sind. In der Verhaltenstherapie werden Entspannungstechniken z. B. bei der systematischen → *Desensibilisierung* oder als eigentliche Therapie (→ *Entspannungstherapie*) angewendet.

Entspannungstherapie (relaxation therapy)

Therapieform, welche in erster Linie dem Patienten beizubringen versucht, wie er sich entspannen soll. Dieses Vorgehen beruht auf der Annahme, Muskelentspannung und Abwesenheit anderer physischer Anspannung begünstige den Abbau von psychischen Spannungen und Störungen. Verwendet werden z. B. Methoden des → *autogenen Trainings* oder andere aktive bzw. passiv autosuggestive und entspannende Übungen sowie → *Biofeedback* (→ *Entspannungstechniken*).

Entzug (deprivation) → Deprivation

Episodische Verstärkung (episodic reinforcement) → Verstärkung, episodische

Ergotherapie (ergotherapy) → Arbeitstherapie

Erholung, spontane (spontaneous recovery)

Wiederauftreten einer gelöschten (→ *Löschung*) konditionierten Reaktion nach einer Ruheperiode. Diese Reaktion ist schwächer als vor der Löschungsprozedur und verschwindet wieder, falls sie nicht verstärkt wird.

Erinnerung, sich erinnern (remembering, remember) → Gedächtnis

Erregung (excitation)

Physiologischer Prozeß, der an einem → *Rezeptor* auftritt, sobald ein entsprechender → *Reiz* einen bestimmten Schwellwert erreicht. Erregungen können sowohl durch innere als auch durch äußere Reize induziert werden. Die Erregung eines neuralen Elements stellt für das nächste Element wiederum einen Reiz dar, durch den dieses erregt wird, falls der Eingangsreiz genügend stark ist, d. h. einen bestimmten Schwellwert erreicht. Auf diese Weise breiten sich Erregungen im Nervensystem aus. Außerhalb der Physiologie wird der Begriff in einem umfassenden Sinne verwendet und bezeichnet dann Zustände mit gesteigerter psychischer, d. h. meist emotionaler und/oder motorischer Aktivität (→ *Aktivation*).

Ersatzhandlung (redirection activity)

Handlung, die entweder anstelle anderer, unterdrückter Handlungen auftritt oder an einem Ersatzobjekt vorgenommen wird.

Ersparnismethode (saving method) → Gedächtnis

Erwartung (expectation, expectancy)

Bei E. C. → *Tolman* ein postulierter Zustand, der sich im Verlaufe eines Lernprozesses bildet. Erworben werde die Disposition, auf bestimmte Hinweisreize (→ *Reiz, diskriminativer*) so zu reagieren, als handle es sich bei diesen Reizen um Zeichen (signs) für andere Reize, nämlich das Verhaltensziel. So werden z. B. die lokalen Gegebenheiten und Auffälligkeiten in einem → *Labyrinth* für die Ratte zum Zeichen für die Futterbelohnung in der Ziel-Box (vgl. auch → *kognitive Landkarte*, → *kognitive Lerntheorie*).

Estes, William Kaye

* 17. 6. 1919 in Minneapolis (Minnesota). Psychologiestudium an der University of Minnesota. Professor für Psychologie an verschiedenen amerikanischen Universitäten, seit 1968 an der Rockefeller University in New York.

Arbeitsgebiet: Experimentelle und mathematische Psychologie, insbesondere Lerntheorien und quantitative Methoden.
W. Werke: *Modern Learning Theory*, New York 1954 (mit S. Koch, K. McCorquodale, P. E. Meehl, C. G. Müller, Jr., W. N. Schoenfeld und W. S. Verplanck); *Studies in Mathematical Learning Theory*, Stanford 1959 (Hrsg. mit R. R. Bush); *Stimulus Sampling Theory*, San Francisco 1967 (mit E. Neimark); *Learning Theory and Mental Development*, New York 1970; *Handbook of Learning and Cognitive Processes*, Hillsdale, N. J. 1976 (Hrsg.).

Ethologie (ethology) → Verhaltensforschung

Exploration (exploration)

Zielgerichtetes Erkundungsverhalten in einer neuartigen Reizsituation (vgl. → *Orientierungsreaktion*). In der → *Psychotherapie* und → *Verhaltensmodifikation* versteht man darunter ein systematisches Befragen des Klienten nach seinen Lebensgewohnheiten und persönlichen Problemen, damit diese vor Beginn der eigentlichen Behandlung erfaßt und geklärt werden können.

Extinktion (extinction) → Löschung

Eysenck, Hans Jürgen

* 4. 3. 1916 in Berlin. Ging 1934 nach dem Abitur zunächst nach Dijon, um französische Literatur und Geschichte zu studieren, und emigrierte dann nach England. Psychologiestudium an der University of London. Seit 1946 am Maudsley Hospital, wo er die Leitung der von ihm gegründeten Psychologischen Abteilung übernahm; seit 1955 Professor für Psychologie an der University of London. Eysenck spielte eine wichtige Rolle bei der Entwicklung der Verhaltenstherapie und der klinischen Psychologie. Aufgrund experimenteller Untersuchungen entwickelte er eine deskriptive Persönlichkeitstheorie mit den Grundfaktoren Intelligenz, Neurotizismus, Introversion–Extraversion und Psychotizismus. Er wies ferner die Bedeutung genetischer Faktoren für die Entwicklung von Intelligenz und Persönlichkeit nach und leistete grundlegende Beiträge zu den Lerntheorien.
W. Werke: *The Dynamics of Anxiety and Hysteria*, 1957; *The Eysenck Personality Inventory*, 1964; *The Causes and Cures of*

Neuroses, London 1965 (mit S. → *Rachman*), dt. *Neurosen-Ursachen und Heilmethoden*, Berlin 1967; *The Biological Basis of Personality*, London 1967; *Personality, Structure and Measurement*, 1969; *Crime and Personality*, London 1970; *Race, Intelligence and Education* (GB), London 1971, dt. *Vererbung, Intelligenz und Erziehung*; *Psychology is About People*, London 1972, dt. *Die Experimentiergesellschaft – Soziale Innovationen durch angewandte Psychologie*, Reinbek 1973; *The Inequality of Man*, London 1973, dt. *Die Ungleichheit der Menschen*, München 1975; *Intelligenztest*, Reinbek 1974; *Reminiscence*, London 1975.

Familientherapie (family social work)

Therapeutisches Verfahren, in dessen Verlauf auch die Familie des Klienten mit in die Behandlung einbezogen wird. Dieses Vorgehen beruht auf der Erkenntnis, daß Verhaltensstörungen häufig mit gestörten sozialen Beziehungen zu Familie und Gesamtgesellschaft zusammenhängen.

Feedback (feedback)

Reafferenz, Rückkoppelung, Rückmeldung, Rückwirkung. Aus der Nachrichtentechnik bzw. der Kybernetik stammende Bezeichnung, welche heute für jegliche Art von Rückmeldungssystemen verwendet wird, die auf mehr oder weniger automatische Weise den Vollzug, die Wirksamkeit oder den Grad der Angemessenheit einer bestimmten Tätigkeit oder Handlung anzeigen (vgl. → *Regelkreis*).

Ferster, Charles Bohris

* 1. 11. 1922 in Freehold, New Jersey (USA). Psychologiestudium an der Columbia University in New York. Gegenwärtig Professor für Psychologie an der »American University« in Washington.
Arbeitsgebiet: Vergleichende Psychologie, Lernen und operante Konditionierung.
W. Werke: *Schedules of Reinforcement*, New York 1957 (mit B. F. → *Skinner*); *Introduction to a Science of Human Behavior*, New York 1963 (mit J. I. Nurnberger und J. P. Brady); *Behavior Principles*, New York 1968, 1974 (mit M. C. Perrott); *The Rein-*

forcement of Social Behavior, Houghton Mifflin 1970 (mit E. McGinnies).

Festinger, Leon

* 8. 5. 1919 in New York. Psychologiestudium an der State University of Iowa. Professor an verschiedenen amerikanischen Universitäten, seit 1968 an der New School for Social Research in New York. Wurde vor allem bekannt durch seine → *kognitive Dissonanztheorie*.
Arbeitsgebiet: Kognition, visuelle Wahrnehmung, okulomotorische Kontrollsysteme.
W. Werke: *Social Pressures in Informal Groups: A Study of a Housing Project*, New York 1950 (mit S. Schachter und K. Back); *A Theory of Cognitive Dissonance*, Stanford 1957; *Deterrents and Reinforcement: The Psychology of Insufficient Reward*, Stanfort 1962 (mit D. H. Lawrence); *Conflict, Decision and Dissonance*, Stanford 1964 (et al).

FI: festes Intervall (fixed interval) → Verstärkungsplan

Flooding (flooding) → Reizüberflutung

Fluchtreaktion (escape response)

Reaktionsablauf wie z. B. lokomotorische Flucht im → *Versuchsstand der bedingten Fluchtreaktion*, womit sich ein Organismus aus einer Schmerz erzeugenden Situation befreit. Erfolgt die betreffende Reaktion bereits auf einen den Schmerzreiz ankündigenden konditionierten → *Reiz*, so handelt es sich um eine Vermeidungsreaktion (→ *Vermeidungslernen*).

Foppa, Klaus

* 15. 8. 1930 in Linz. Psychologiestudium in Wien. Berufliche Tätigkeit am Psychologischen Institut der Universität Würzburg sowie am Psychologischen Institut der Universität Wien. Seit 1964 Professor für Psychologie an der Universität Bern.
Arbeitsgebiet: Lernpsychologie, Psycholinguistik, Methodologie.
W. Werke: *Lernen, Gedächtnis, Verhalten*, Köln/Berlin 1965.

FR: feste Quote (fixed ratio) → Verstärkungsplan

Fraktionelle antizipatorische Zielreaktion (fractional anticipatory goal response r_G) → Zielreaktion

Fraktionelle antizipierende Zielreaktion (fractional antedating goal response r_G) → Zielreaktion

Fremdkontrolle (extrinsic control)

Veränderung und Kontrolle von Verhalten durch eine Drittperson, in der Verhaltenstherapie durch den Therapeuten. Der Begriff wird als Gegenstück zur sog. → *Selbstkontrolle* verwendet, bei der man versucht, durch Anwenden einer bestimmten, z. B. von einem Therapeuten vorgeschriebenen Verhaltenstechnik, sein Verhalten selber zu modifizieren (vgl. in der Soziologie der außen-geleitete und innen-geleitete Mensch bei David Riesmann, *Die einsame Masse*, 1950).

Funktionalismus (functionalism)

Die funktionale Betrachtungsweise kam in der zweiten Hälfte des 19. Jahrhunderts auf, so in der Physik und Philosophie (Ernst Mach) und in der Soziologie (→ *Spencer*, Durkheim). Die Aktpsychologen F. Brentano und C. Stumpf gelten auch als Begründer der sog. Funktionspsychologie, welche im seelischen Erleben zwischen Funktion (Akt) und Erscheinung (Inhalt) unterscheidet. Gottlob Frege führte den Funktionbegriff in die von ihm begründete Logistik ein. Als Richtung der experimentellen Psychologie geht der Funktionalismus auf W. → *James* zurück. Hier wird die Psyche in ihrer dynamischen Einheit als ein Gefüge von *Funktionen* betrachtet, die im Dienste von Antrieben und Bedürfnissen stehen und auf die Anpassung des Organismus an seine Umwelt ausgerichtet sind. Die psychischen Vorgänge werden unter dem Gesichtspunkt ihrer biologischen Zweckmäßigkeit betrachtet. J. Dewey und E. Claparède leiteten davon eine pädagogische Richtung ab, die im Üben dieser Funktionen die Grundbedingung für deren Entwicklung sieht. Ein weitgefaßter und pluralistischer Funktionalismus wurde von R. S. → *Woodworth* vertreten, der darin eher eine vermittelnde Position als eine eigentliche Schule sah. In diesem Sinne wird der Funktionalismus durch die moderne Psychologie weitergeführt. Diese ist in zunehmendem Maße operational (→ *Operationalismus*) orientiert und beschäftigt sich immer mehr mit Miniatursystemen und mathematischen Modellen, die als funktional im mathematischen Sinne des Funktionsbegriffes betrachtet werden können.

Furcht (fear) → Angst

Gagné, Robert Mills

* 21. 8. 1916 in North Andover, Massachusetts (USA). Psychologiestudium an der Brown University. Professor an verschiedenen amerikanischen Universitäten, seit 1969 an der Florida State University.
Arbeitsgebiet: Menschliches Lernen, intellektuelle Funktionen, psychologische Faktoren in Erziehung und Bildung. Verbreitung fand vor allem seine Unterscheidung des menschlichen Lernens in folgende acht hierarchische Lerntypen, wobei jeder Typ Voraussetzung für die nächst höhere Lernart ist: 1. Signallernen (→ *Konditionierung, klassische*), 2. Reiz-Reaktions-Lernen (→ *Lernen durch Versuch und Irrtum,* → *Konditionierung, operante*), 3. Kettenbildung (→ *Verhaltenskette*), 4. Verbale Assoziationen (nach H. → *Ebbinghaus*), 5. Multiple Diskriminationen (→ *Unterscheidungslernen*), 6. Begriffsbildung (concept formation), 7. Regellernen, 8. Problemlösen.
W. Werke: *Psychology and Human Performance,* 1959 (mit E. A. Fleishman); *The Conditions of Learning,* 1965, dt.: Die Bedingungen des menschlichen Lernens, 1969; *Principles of Instructional Design,* 1974 (mit L. J. Briggs).

Gedächtnis (memory)

Informationsspeicher des Organismus, der auf → *Lernen* beruhende Erfahrung in Form von → *Engrammen* enthält. Das Gedächtnis erbringt die Leistungen des *Behaltens* (Retention; retention), *Erinnerns* (Reproduktion; recall, remembering) und des *Wiedererkennens* (Rekognition; recognition).
Die moderne Gedächtnisforschung nimmt an, daß es mindestens zwei Gedächtnissysteme gibt, ein *Kurzzeitgedächtnis* (short term memory) für kurzfristiges Behalten und ein *Langzeitgedächtnis* (long term memory) als relativ stabiler Dauerspeicher sowie ein dazwischenliegender Konsolidierungsprozeß. Häufig wird für das unmittelbare Nachklingen einer → *Erregung* oder eines Handlungsimpulses ein sog. *Immediatgedächtnis* (immediate memory) postuliert. Diese Differenzierung in verschiedene

Gedächtnissysteme hat in erster Linie operationale Gültigkeit. Gedächtnisinhalte können nicht direkt gemessen, sondern nur aufgrund der vom Gedächtnis erbrachten Leistung erschlossen werden. Zur Prüfung der Gedächtnisleistung werden meist die folgenden Methoden verwendet:

1. *Reproduktionsmethode:* Geprüft wird im Prinzip die freie Erinnerung an das Gelernte. Die Methode kann nichts darüber aussagen, ob das beim Reproduzieren Fehlende tatsächlich nicht im Gedächtnis gespeichert wurde, oder ob nur das Abrufen oder Hervorholen des Gedächtnisinhaltes (Retrieval-Prozeß) blokkiert ist.

2. *Wiedererkennungsmethode:* Gemerkte Gegenstände oder gelernte Wörter bzw. Silben müssen aus einer vorgegebenen Auswahl erkannt werden. Diese Methode ist empfindlicher als die Reproduktionsmethode; der Versuchsperson steht aber zusätzliche Information zur Verfügung, weshalb zusätzliche Mechanismen wirksam werden dürften.

3. *Ersparnismethode* (Wiederlernungsmethode): Der Lernstoff wird später nochmals, wiederum bis zum Erreichen des ursprünglichen Leistungskriteriums, gelernt. Dabei wird festgestellt, wieviel Versuche weniger benötigt werden als beim erstmaligen Lernen, d. h., es wird die Ersparnis beim Wiederlernen bestimmt. Diese Methode ist am empfindlichsten, denn auch nur schwach vorhandene Gedächtnisspuren können bei diesem Verfahren immer noch wirksam werden. Sie findet häufig auch im Tierversuch Anwendung.

Gedächtnisspur (memory trace) → Engramm

Gedankenstopp (thought stopping)

Verhaltenstherapeutisches Verfahren, welches vorwiegend zur → *Selbstkontrolle* von Zwangsgedanken, Zwangsimpulsen, Halluzinationen und Süchten angewendet wird. Der Patient wird zunächst angewiesen, mit geschlossenen Augen die störenden Gedanken oder Vorstellungen herbeizurufen und ein Zeichen zu geben, sobald er diese in voller Stärke vor Augen hat. Dann ruft der Therapeut laut »Stopp«, um die Gedanken bzw. Vorstellungen zu unterbrechen. Nach mehrmaligem Wiederholen muß der Patient nun selber das Wort »Stopp« aussprechen, wodurch er lernen soll, unerwünschte Gedanken und Vorstellungen zu unterdrücken und durch positivere Alternativgedanken zu ersetzen.

Gegenkonditionierung (counterconditioning)

Heranbilden einer alternativen → *Reaktion* auf einen bestimmten → *Reiz* oder eine bestimmte Reizsituation, wobei die neue Reaktion mit der ursprünglichen, unangebrachten Reaktion unvereinbar ist. Ein Spezialfall der Gegenkonditionierung ist die sog. reziproke Hemmung (→ *Hemmung, reziproke*). Werden aversive Reize (→ *Reiz, aversiver*) zur Veränderung der unerwünschten Reaktion eingesetzt, bezeichnet man dies auch als → *Aversionstherapie.*

Gelegentliche Verstärkung (intermittent reinforcement, partial reinforcement) → Verstärkung, partielle

Generalisierung (generalization)

Generalisation. Allgemein die Anwendung von früher Gelerntem in ähnlichen neuen Situationen. Die Generalisierungstendenz wird durch → *Unterscheidungslernen* eingeengt. Bei der → *Konditionierung* unterscheidet man zwischen → *Reizgeneralisierung* und → *Reaktionsgeneralisierung*. Generalisierung tritt normalerweise spontan auf, muß aber in therapeutischen Fällen, wenn es um die Ausweitung von Behandlungseffekten geht, durch besondere Maßnahmen unterstützt werden. Reizgeneralisierung ist dabei die Übertragung von gelernten Reaktionen auf andere Reizbedingungen oder Situationen, Reaktionsgeneralisierung die Ausdehnung der Wirksamkeit von konditionellen Reizen auf Verhaltensweisen oder Reaktionen, die nicht direkt behandelt worden sind, die aber mit den behandelten Reaktionen zusammenhängen.

Generalisationsgradient (generalization gradient)

Bezeichnet und beschreibt die graduellen Unterschiede im Generalisieren in Abhängigkeit von der Ähnlichkeit der Reize bzw. Reaktionen (→ *Reaktionsgeneralisierung*, → *Reizgeneralisierung*).

Generalisierter Verstärker (generalized reinforcer)

Allgemein verwendbarer → *Verstärker*, wie z. B. Geld oder → *Token*, der aufgrund früherer Erfahrung mit verschiedenen primären Verstärkern (→ *Verstärkung, primäre*) assoziiert ist und mit dem sog. → *Eintauschverstärker* erworben werden kann.

Gesetz der Bereitschaft (law of readiness)

Von E. L. → *Thorndike* postuliertes Hilfsprinzip, das einen physiologischen Zustand beschreibt, der zur Erklärung des → *Effektgesetzes* dient. Wenn eine verknüpfungsfähige Einheit zum Vollzug der Verknüpfung bereit ist (→ *Assoziation*), so hat diese Verknüpfung eine lustbetonte Wirkung, solange der Ablauf dieses Prozesses nicht beeinträchtigt wird. Bleibt die Verknüpfung dagegen aus, so wirkt dies unlustbetont und bringt die von der Natur für den betreffenden Mangelzustand (→ *Bedürfnis*) vorgesehene → *Reaktion* hervor. Wird eine nicht zur Verknüpfung bereite Einheit zur Verknüpfung gezwungen, so wirkt dies unlustbetont. Thorndike verstand unter Verknüpfungseinheit direkte Handlungsimpulse und verwendete diesen Begriff teilweise so, als handle es sich dabei um wirkliche Neurone. Um neuroanatomische Einzelheiten kümmerte er sich allerdings wenig.

Gesetz der Übung (law of exercise)

Von E. L. → *Thorndike* formuliertes Prinzip, welches besagt, daß das Wiederholen einer Handlung den Lernprozeß begünstige und deshalb diese Handlung später leichter ausgeführt werden kann, falls die übrigen Bedingungen gleich bleiben. Das Gesetz beinhaltet sowohl die Festigung der Verknüpfung zwischen Situationen und Handlungen durch Gebrauch (Gesetz des Gebrauchs; law of use) als auch deren Schwächung, d. h. das → *Vergessen*, wenn die Übung nicht fortgeführt wird (*Gesetz des Nichtgebrauchs*; law of disuse).

Gesetz der Wiederholungshäufigkeit (law of frequency)

Ein dem → *Gesetz der Übung* entsprechendes Prinzip, welches besagt: Je häufiger eine Handlung oder eine Assoziation wiederholt wird, desto schneller ist die → *Akquisition* dieser Handlung oder → *Assoziation*, falls die übrigen Bedingungen unverändert bleiben.

Gesetz des Effekts (law of effect) → Effektgesetz

Gesetz des Gebrauchs (law of use) → Gesetz der Übung

Gesetz des Nichtgebrauchs (law of disuse) → Gesetz der Übung

Gesprächspsychotherapie (non-directive therapy, client-centered therapy)

Nicht-direktive Therapie, klient-zentrierte Therapie. Diese von Carl C. Rogers in den 50er Jahren dieses Jahrhunderts entwikkelte Behandlungsmethode geht von der Erkenntnis aus, daß die Handlungen eines Menschen durch seine Gefühle und Einstellungen, die er über seine eigene Person hat, beeinflußt werden. Sind diese ihm nicht bewußt, so erscheinen ihm manchmal die eigenen Verhaltensweisen als unsinnig und anderen Menschen als nicht angepaßt. Rogers unterscheidet zwischen Idealselbst und Realselbst. Das ideale Bild von sich selbst, das den eigenen realen Möglichkeiten und dem tatsächlichen Verhalten nicht entspricht, ist aus der Erfahrung des Menschen mit seiner sozialen Umwelt entstanden. Die Kluft zwischen Realselbst und Idealselbst, wie man wirklich ist und wie man gerne sein möchte, wirkt sich auf den neurotischen Menschen einschränkend aus, denn seine Wahrnehmungen sind nicht mehr der Realität angepaßt.

Gewirtz, Jacob Leon

* 31. 7. 1924 in Brooklyn, New York. Psychologiestudium an der State University of Iowa. 1950–1956 Professor für Psychologie an der University of Chicago. Seit 1956 an der Abteilung »Early learning and Development« des National Institute of Mental Health in Bethesda und seit 1972 Professor an der University of Maryland Baltimore County.
Arbeitsgebiet: Soziales Lernen, Beobachtungslernen, Entwicklungspsychologie und soziale Beziehungen.
W. Werke: »Mechanisms of social learning: Some roles of stimulation and behavior in early human development«, in: D. A. Goslin (Hrsg.): *Handbook of Socialization Theory and Research*, Chicago 1969; »The roles of overt responding and extrinsic reinforcement in ›self-‹ and ›vicarious-reinforcement‹ phenomena and in ›observational learning‹ and imitation«, in:

R. Glaser (Hrsg.), *The Nature of Reinforcement*, New York 1971; *Attachment and Dependency*, Washington, D. C., 1972 (Hrsg.).

Gewohnheit (habit)

Relativ automatisch ablaufende motorische Reaktion oder Handlung. Gewohnheiten werden durch Übung und Lernen herangebildet und treten relativ regelmäßig auf. Im übertragenen Sinne umfaßt der Begriff auch Denkgewohnheiten und → *Einstellungen*, wie sie sich z. B. beim Problemlöseverhalten zeigen. Im System von C. L. → *Hull* ist Gewohnheit eine intervenierende → *Variable* mit eigener Bedeutung (vgl. → *Gewohnheitsstärke*).

Gewohnheitsbildung (habit formation)

Heranbilden einer → *Gewohnheit* oder eines → *Verhaltensmusters* durch einen Lernprozeß.

Gewohnheitshierarchie (habit family, hierarchy of habits, habit family hierarchy)

Hierarchie zielbezogener Gewohnheiten. Bei C. L. → *Hull* eine Klasse von auf ein bestimmtes Ziel bezogener → *Gewohnheiten*, die nach ihren Erfolgsaussichten der Zielerreichung hierarchisch geordnet sind. Die entsprechende Rangordnung kann jeweils aus der Auftretenshäufigkeit der einzelnen Verhaltensweisen ermittelt werden.

Gewohnheitsstärke (habit strength, $_{S}H_{R}$)

Gewohnheitsfestigkeit, Gewohnheitskraft. Hypothetisches → *Konstrukt* im System von C. L. → *Hull*, das die durch → *Trieb* aktivierbare Bereitschaft zum Vollzug einer gelernten Reaktion ausdrückt. Die Gewohnheitsstärke ist abhängig von der erhaltenen Anzahl von Verstärkungen, dem Ausmaß der Verstärkung sowie dem Zeitintervall zwischen → *Reiz* und → *Reaktion* bzw. Reaktion und → *Verstärkung*. Sie umfaßt die zusammengesetzte Wirkung verschiedener antezedenter → *Variablen* und bildet zusammen mit dem Trieb in multiplikativer Verknüpfung das sog. → *Reaktionspotential*.

Gewöhnung (habituation)

Habituation. Abnahme der Reaktionsbereitschaft, die eintritt, wenn der die betreffende → *Reaktion* auslösende → *Reiz* wiederholt dargeboten wird (vgl. → *Aktivation*).

Gottwald, Peter

* 3. 11. 1935 in Shanghai (China). Medizinstudium in Kiel und München. Praktikantenzeit an verschiedenen Kliniken in München und Forschungsaufenthalt an der Harvard University in Boston. Seit 1971 Leiter der Arbeitsgruppe für Sozialpsychologie in der Psychologischen Abteilung des Max-Planck-Instituts für Psychiatrie München.
Arbeitsgebiet: Wissenschaftstheorie und -soziologie, Lerntheorie, Verhaltensmodifikation; Planung und Wissenschaftliche Begleitung von Innovationen im Erziehungsbereich.
W. Werke: *Kybernetische Analyse von Lernprozessen. Integration lernpsychologischer und ethologischer Vorstellungen über Bekräftigung (reinforcement)*, München 1971; *Verhaltenstherapie bei geistig behinderten Kindern*, Göttingen 1972 (mit W. Redlin); *Verhaltensforschung: Instinkt–Lernen–Hirnfunktion*, München 1974 (mit D. Ploog).

Gradient (gradient)

Kontinuierliche Ab- bzw. Zunahme einer Meßgröße in zeitlichen und anderen Folgen. In der Lernpsychologie wird eine Reihe von Beziehungen zwischen kontinuierlich veränderten Lernbedingungen und den dabei geprüften Leistungen als Gradient bezeichnet und dargestellt (→ *Annäherungsgradient*, → *Effektgradient*, → *Generalisierungsgradient*, → *Vermeidungsgradient*, → *Verstärkungsgradient*).

Grundkurve (baseline) → Ausgangsdaten

Gruppentherapie (group therapy)

Form der → *Psychotherapie*, die in kleinen Gruppen durchgeführt wird und gruppendynamische Erkenntnisse anwendet. Durch soziale Kontakte der Patienten untereinander und mit dem oder den Therapeuten wird versucht, die persönlichen Schwierigkeiten der einzelnen zu lösen und therapeutische Effekte zu erzielen. Je nach Schule und individueller Einstellung des Therapeuten kann das dazu verwendete Vorgehen ganz verschieden sein. Eine besondere Form von Gruppentherapie ist das sog. Soziodrama oder Psychodrama (J. L. Moreno). Die Patienten werden hier aufgefordert, Situationen aus dem Alltag schauspielerisch darzustellen. Das Psychodrama wird sowohl für therapeutische als auch für diagnostische Zwecke eingesetzt. Außerhalb der Psychotherapie dient es ferner als Lehrmethode für Berufe mit vielen zwischenmenschlichen Kontakten oder zur Selektion geeigneter Kandidaten für einen bestimmten Posten.

Guilford, Joy Paul

* 7. 3. 1897 in Marquette (Nebraska). Psychologiestudium an der Cornell University. Professor an verschiedenen amerikanischen Universitäten, zuletzt an der University of Southern California. Wurde vor allem bekannt durch die Anwendung von standardisierten Meßmethoden und Faktorenanalyse zum Erfassen von Persönlichkeitszügen und intellektuellen Fähigkeiten, wie z. B. Intelligenz und Kreativität, sowie durch ein strukturelles Modell, das alle gegenwärtig bekannten intellektuellen Funktionen operational und informationstheoretisch erklärt.
W. Werke: *Psychometric Methods*, 1936, 1954; *General Psychology*, 1939, 1950; *Fundamental Statistics in Psychology and Education*, 1942, ^{5}1973; *Personality*, 1959; *The Nature of Human Intelligence*, 1967; *Intelligence, Creativity and Their Educational Implications*, 1968; *The Analysis of Intelligence*, 1971.

Guthrie, Edwin Ray

* 9. 1. 1886 in Lincoln (Nebraska), † 23. 4. 1959 in Washington (D. C.). Studium an der Pennsylvania University; 1914–1956 an der Washington University, zuletzt als Professor für Psychologie. Guthrie entwickelte eine Lerntheorie, die auf einem einzigen Gesetz beruht, einem Assoziationsgesetz zwischen → *Reiz* und → *Reaktion*: Wann immer eine Reaktion auftritt, so wird diese mit den gerade vorhandenen Reizelementen verknüpft. Dieses → *Kontiguitäts-Prinzip* wendet Guthrie systematisch an und erklärt damit die verschiedensten Verhalten, einschließlich soziale Phänomene, Persönlichkeit und Erziehung.
W. Werke: *The Psychology of Learning*, 1935, ^{3}1960; *The Psychology of Human Conflict*, 1938; *Conditioning*, 1942.

Habituation (habituation) → Gewöhnung

Habituationstraining (habituation training)

Löschungsprozedur, die zur Behandlung von Phobien eingesetzt wird. Die graduierte Annäherung an angstauslösende Reize wird dabei direkt in der realen Situation eingeübt und nicht wie bei → *Reizüberflutung* und → *Implosionstherapie* bloß vorstellungsmäßig vollzogen. Es wird angenommen, daß sich durch das Ausbleiben des unkonditionellen Reizes (→ *Konditionierung, klassische*) die Angst nach dem Pawlowschen Löschungsprinzip verringert (→ *Löschung*).

Harlow, Harry Frederick

* 31. 10. 1905 in Fairfield, Iowa (USA). Psychologiestudium an der Stanford University. Seit 1930 Professor an der University of Wisconsin und seit 1956 Leiter des Wisconsin Regional Primate Research Center.
Arbeitsgebiet: Lerntheorien, frühkindliche Entwicklung und Primatologie. Entwickelte Testverfahren zum Prüfen von → *Lerneinstellungen* (learning sets) und zog neugeborene Primaten mit Ersatzmüttern aus Stoff, bzw. Drahtgeflecht auf.
W. Werke: »The formation of Learning sets«, in: *Psychological Review*, 1949, 56, 51–56; »The nature of love«, in: *American Psychologist*, 1962, 17, 1–9; »Principles of primate learning«, in: *Little Club Clinics in Developmental Medicine*, Nr. 7, London 1962 (mit M. K. Harlow); »Sexual behavior in rhesus monkeys«, in: *Beach* (Hrsg.), *Sex and Behavior*, New York 1965.

Hebb, Donald Olding

* 22. 7. 1904 in Chester, Nova Scotia (Kanada). Psychologiestudium an der McGill University, Chicago University und Harvard University. Seit 1947 Professor an der McGill University in Montreal. Schuf eine neurologische Lerntheorie und zeigte, daß die Intelligenz- und Persönlichkeitsentwicklung des Kindes sowie die normalen geistigen Funktionen des Erwachsenen von der Stimulierung durch die Umwelt abhängen und daß sensorische Deprivation zu schweren Verhaltensstörungen führt.
W. Werke: *Organisation of Behavior*, 1949; *Textbook of Psychology*, 1958, ^{3}1972.

Hemmung (inhibition)

Allgemeine und umfassende Bezeichnung für Zustände, die dadurch charakterisiert sind, daß ein Prozeß oder Verhaltensablauf durch eine Aktivität anderer Art verhindert oder beeinträchtigt wird. Der Begriff bezeichnet sowohl entsprechende neurophysiologische als auch verhaltensmäßige Zustände, wobei die gegenseitige Zuordnung dieser Phänomene noch in den Anfängen steckt. Hemmung auf neurophysiologischer Stufe ist ein Grundprozeß des Nervensystems, welcher der → *Bahnung* und → *Erregung* entgegenwirkt. Verhaltensmäßig wird der Begriff ganz allgemein und auch im übertragenen Sinne verwendet. In der Lernpsychologie wird der Hemmungsbegriff vor allem bei I. P. → *Pawlow* und C. L. → *Hull* gebraucht, allerdings in meist unterschiedlicher Bedeutung. Deshalb muß jeweils genauer spezifiziert werden, um welche Art von Hemmung es sich handelt.

Hemmung, affektive (affective inhibition)

Spezialfall der retroaktiven Hemmung (→ *Hemmung, retroaktive*), der dann vorliegt, wenn ein affektbetontes Ereignis wie Furcht nach einem Lernprozeß auftritt, wodurch die Reproduktionsleistung des gelernten Inhalts beeinträchtigt wird. Man nimmt an, daß die affektive Erregung rückwirkend den vorher gelernten Inhalt bzw. dessen Konsolidierung (→ *Gedächtnis*) hemmt.

Hemmung, äußere (external inhibition)

Externe Hemmung. Von I. P. → *Pawlow* eingeführte Bezeichnung für die Hemmung einer konditionierten Reaktion (→ *Konditionierung, klassische*), die auftreten kann, wenn gleichzeitig mit dem konditionellen Reiz ein anderer Reiz auftritt (vgl. → *Hemmung, innere*).

Hemmung, differenzierende (differential inhibition)

Differenzierungshemmung. Ein hypothetischer Vorgang im Organismus, der bei der → *Konditionierung* auftritt und bewirkt, daß eine konditionierte Reaktion allmählich nur noch durch den konditionellen Reiz ausgelöst wird, nicht aber durch andere ähnliche Reize. Dieser Vorgang entspricht dem → *Unterscheidungslernen* und wirkt der → *Reizgeneralisierung* entgegen.

Hemmung, innere (internal inhibition)

Von I. P. → *Pawlow* eingeführter Begriff für Hemmungsprozesse, die durch physiologische Begleiterscheinungen der Reizsituation bedingt sind und z. B. eine Abnahme der → *Reaktionsstärke* bewirken, wenn die → *Verstärkung* (→ *Konditionierung, klassische*) weggelassen wird (vgl. → *Hemmung, äußere*).

Hemmung, konditionierte (conditioned inhibition)

Bedingte Hemmung (I. P. → *Pawlow*). Unterdrückung einer konditionierten Reaktion durch Koppelung des konditionellen Reizes CS mit einem anderen Reiz, ohne dabei den unkonditionellen Reiz UCS darzubieten (→ *Konditionierung, klassische*). Der konditionelle Reiz löst dann weiterhin die konditionierte Reaktion aus, wenn er allein dargeboten wird, nicht aber, wenn er zusammen mit dem zusätzlichen Reiz, der eine konditionelle Hemmungsbedingung darstellt, auftritt.

Hemmung, konditionierte reaktive (conditioned reactive inhibition)

Hypothetischer Zustand ${}_{S}I_{R}$ (→ *Hemmungspotential*) im System von C. L. → *Hull*, der entsteht, wenn reaktive Hemmung (→ *Hemmung, reaktive*) auf einen → *Reiz* konditioniert wird, indem dieser bei der → *Löschung* einer konditionierten → *Reaktion* gegenwärtig ist und dadurch zu einem Hemmung auslösenden Hinweisreiz (→ *Reiz, diskriminativer*) wird.

Hemmung, proaktive (proactive inhibition)

Hypothetischer Prozeß, der bewirkt, daß ein vorher gelernter Inhalt (z. B. → *sinnlose Silben*) das Erlernen und Behalten eines unmittelbar nachfolgenden behindert. Proaktive Hemmung ist eine Form von negativem → *Transfer*.

Hemmung, protektive (protective inhibition)

Bei I. P. → *Pawlow* ein Mechanismus, der den Organismus vor Überreizung schützt und z. B. bewirkt, daß bei übermäßiger Stärke des konditionellen Reizes die Reaktion schwächer wird (→ *Konditionierung, klassische*).

Hemmung, reaktive (reactive inhibition)

Hypothetisches → Konstrukt I_R im System von C. L. → *Hull.* Es wird angenommen, die Reaktionsauslösung, d. h. die damit in Zusammenhang stehende Verhaltenanstrengung, erzeuge eine dem → *Reaktionspotential* entgegenwirkende Tendenz, die sich durch Reaktionswiederholung akkumuliert und während Reaktionspausen wieder abklingt.

Hemmung, retroaktive (retroactive inhibition)

Rückwirkende Hemmung. Hypothetischer Prozeß, der bewirkt, daß das Behalten und Reproduzieren (→ *Gedächtnis*) eines gelernten Inhaltes wie z. B. → *sinnlose Silben* durch das unmittelbar nachfolgende Erlernen eines zweiten Inhaltes behindert wird. Dies ist besonders dann der Fall, wenn der nachfolgende Lernstoff große Ähnlichkeiten mit dem vorhergehenden aufweist, was als *Ranschburgsche Ähnlichkeits*hemmung oder *Ranschburgsches Phänomen* bezeichnet wird. Eine weitere Form von retroaktiver Hemmung ist die sog. affektive Hemmung (→ *Hemmung, affektive*).

Hemmung, reziproke (reciprocal inhibition)

Von C. S. Sherrington eingeführte Bezeichnung für die gegenseitige neurophysiologische Hemmung von Reflexen. Daran anknüpfend entwickelte J. → *Wolpe* eine Reihe experimentell fundierter Methoden zum Verlernen inadäquater Verhaltensweisen (→ *Verhaltenstherapie*). Dabei wird beim Auftreten einer unerwünschten → *Reaktion* eine durch → *Konditionierung* gelernte andere Reaktion ausgelöst, die mit der unerwünschten Reaktion unvereinbar ist (z. B. Entspannung bei Angstreaktionen). Dadurch wird die unerwünschte Reaktion gehemmt. Mehrmaliges Wiederholen dieser Koppelung schwächt sie dann zunehmend ab und bringt sie schließlich ganz zum Verschwinden (→ *Löschung*). Diese Methode wurde in den letzten Jahren vorwiegend zur Behandlung von Phobien angewendet, sie hilft aber auch bei anderen Verhaltensstörungen.

Hemmungsirradiation (irradiation of inhibition)

Kortikale Ausbreitung eines hemmenden Reizes, wodurch es zu einer umfassenden Unterdrückung von → *Erregungen* kommt (I. P. → *Pawlow*).

Hemmungspotential (inhibitory potential, $_SI_R$)

Nach C. L. → *Hull* ein hypothetischer Zustand des Organismus (vgl. → *Hemmung, konditionierte reaktive*), von dem die Wahrscheinlichkeit des Wiederauftretens einer bestimmten Reaktion abhängt. Diese ist um so geringer, je größer das Hemmungspotential.

Herrnstein, Richard Julius

* 20. 5. 1930 in New York. Psychologiestudium am College der City of New York und an der Harvard University. Seit 1958 Professor an der Harvard University.
Arbeitsgebiet: Experimentelle Analyse von Verhalten; Geschichte der Psychologie.
W. Werke: *A Source Book in the History of Psychology*, Cambridge 1965 (mit E. G. Boring); *I.Q. in the Meritocracy*, Boston 1973, dt. *Chancengleichheit eine Utopie? Die IQ-bestimmte Klassengesellschaft*, Stuttgart 1974; *Psychology*, Boston 1975 (mit R. Brown).

Hilgard, Ernest Ropiequet

* 25. 7. 1904 in Belleville (Illinois). Psychologiestudium an der Yale University. Seit 1933 Professor für Psychologie und Erziehungswissenschaft an der Stanford University in Stanford, Californien. Seit 1969 emeritierter Professor. Bekannt für seine früheren Arbeiten über Konditionierung und Lerntheorien sowie seine späteren experimentellen Untersuchungen über Schmerz und Hypnose.
W. Werke: *Theories of Learning*, New York 1948, ^{4}1975 (mit G. H. Bower), dt. *Theorien des Lernens*, 2 Bd., Stuttgart ^{3}1973; *Introduction to Psychology*, ^{6}1975 (mit R. C. und R. L. Atkinson); *Hypnotic Susceptibility*, 1965; *Hypnosis in the Relief of Pain*, 1975 (mit J. R. Hilgard).

Hinweis (cue)

Anhaltspunkt, Zeichen. Ein nicht eindeutig auf eine bestimmte Reaktion bezogener und oft nicht sofort erkennbarer Reiz, der das Verhalten in bestimmte Bahnen lenken kann und es dem Organismus z. B. ermöglicht, eine → *Diskrimination* zu erlernen.

Hinweisreiz (discriminative stimulus) → Reiz, diskriminativer

Höhere Nerventätigkeit (higher nervous system activity)

Von I. P. → *Pawlow* eingeführter Begriff für die innerhalb der Großhirnrinde ablaufenden physiologischen Prozesse und ihre psychologischen Korrelate. In Rußland wird dieser Begriff heute noch als Synonym für → *physiologische Psychologie* verwendet.

Honig, Werner Konstantin

* 20. 6. 1932 in Göttingen. Psychologiestudium am Swarthmore College und an der Duke University. 1957–1963 Professor an der Denison University und seit 1963 an der Dalhousie University in Canada.
Arbeitsgebiet: → *Reizkontrolle;* Wahrnehmung; Gedächtnis und kognitive Prozesse beim tierischen Lernen.
W. Werke: »Discrimination, generalization, and transfer on the basis of stimulus differences«, in: D. Mostofsky (Hrsg.), *Stimulus Generalization*, Stanford 1965; *Operant Behavior: Areas of Research and Application*, New York 1966 (Hrsg.); »Attentional factors governing the slope of the generalization gradient«, in: N. S. Sutherland und R. Gilbert (Hrsg.), *Animal Discrimination Learning*, London 1969; »Stimulus and response reduction; two aspects of inhibitory control in learning«, in: R. A. Boakes und M. S. Halliday (Hrsg.), *Inhibition and Learning*, London 1972 (et al).

Hull, Clark Leonard

* 24. 5. 1884 in Akron, New York, † 10. 5. 1952 in New Haven, Connecticut. Studium an der University of Wisconsin. Ab 1929 Professor an der Yale University. Befaßte sich zunächst mit Begabungsforschung, statistischen Methoden und psychologischen Testverfahren sowie mit Hypnose und Suggestibilität. Dann entwickelte er eine systematische Theorie des Verhaltens, bestehend aus mathematischen Formeln, Definitionen und Postulaten. Die beobachtbaren Vorgänge versuchte er als neurophysiologische Ereignisse zu erklären. Hull schuf 17 Postulate und 17 davon abgeleitete Annahmen (Korollarien). Verhalten sei darauf ausgerichtet, den → *Triebreiz* S_D zu reduzieren und jedes Trieb- oder

Bedürfnis reduzierende Verhalten wirke als → *Verstärker*. Unter Verstärkungsbedingungen lösen spezifische → *Reize* spezifische → *Reaktionen* aus, die Hull → *Gewohnheiten* (habits) nennt. Die → *Gewohnheitsstärke* $_SH_R$ ist von der Anzahl verstärkter Reiz-Reaktions-Ereignisse abhängig; sie drückt also die assoziative Stärke aus. Das → *Reaktionspotential* $_SE_R$ dagegen spiegelt die Kombination von Trieb und Gewohnheitsstärke und gibt somit die tatsächliche Tendenz eines Reizes an, eine spezifische Reaktion auszulösen. Dem Reaktionspotential wirkt das → *Hemmungspotential* $_SI_R$ entgegen, das sich aus reaktiver und konditionierter Hemmung zusammensetzt.
W. Werke: *Aptitude Testing*, Yonkers-on-Hudson 1928; *Hypnosis and Suggestibility*, 1933; *Principles of Behavior*, New York 1943; *Essential of Behavior*, New Haven 1951; *A Behavior System*, New Haven 1952.

Humphreys Effekt, Humphreys Paradoxon (Humphreys' effect) → Partialverstärkungs-Effekt

Hypnose (hypnosis)

Durch → *Suggestion* herbeigeführter, »schlafähnlicher« Zustand, der hirnphysiologisch betrachtet aber eher einem Wachzustand entspricht. Der hypnotische Zustand ist gekennzeichnet durch gesteigerte Suggestibilität (→ *Suggestion*); Initiativelosigkeit; Umverteilung der Aufmerksamkeit, die sich als gesteigerte Zuwendung zur Quelle der Hypnoseproduktion (z. B. Hypnotiseur) und Abwendung von der sonstigen Umwelt äußert; Verminderung des allgemeinen Realitätsbezuges und der Toleranz gegenüber Realitätsentstellungen sowie Bereitschaft zur Übernahme ungewohnter Rollen. Die Hypnose kann oberflächlich oder tief sein, je nach der Situation und der Hypnoseempfänglichkeit (Suggestibilität) des betreffenden Individuums. Nach der Hypnose fehlt häufig die Erinnerung an die Ereignisse und Erlebnisse während der Hypnose (posthypnotische Amnesie); es können auch während der Hypnose erteilte Anweisungen ausgeführt werden (posthypnotischer Auftrag). Zu therapeutischen Zwecken (→ *Psychotherapie*) wird Hypnose entweder als eigenständige Methode (Hypnotherapie) oder zur Unterstützung anderer Therapieverfahren angewendet. Sie dient ferner auch der Schmerzbekämpfung (hypnotische Analgesie).

Imitation (imitation)

Ausführen einer Handlung auf die Art und Weise, wie man es bei jemand anderem gesehen hat.

Imitationslernen (imitative learning) → Modellernen

Immediatgedächtnis (immediate memory) → Gedächtnis

Immerverstärkung (continuous reinforcement, CRF)

Kontinuierliche Verstärkung. Bezeichnung für einen → *Verstärkungsplan*, bei dem jede einzelne Reaktion verstärkt wird. Diese Verstärkungsstrategie wird meist zu Beginn eines Konditionierungsprozesses (→ *Konditionierung*) angewendet, um die → *Reaktionsrate* rasch zu steigern, und später durch partielle Verstärkung (→ *Verstärkung, partielle*), auch gelegentliche oder intermittierende Verstärkung genannt, abgelöst.

Implosionstherapie (implosion therapy)

Löschungsprozedur (→ *Löschung*), die bei Phobien angewendet wird. Im Unterschied zur → *Desensibilisierung* wird weder eine → *Gegenkonditionierung* durch Entspannung noch eine → *Angsthierarchie* verwendet. Der Patient hat sich die angstauslösende Situation schon von Anfang an so intensiv wie möglich vorzustellen. Durch Ausbleiben des unkonditionellen Reizes (→ *Konditionierung, klassische*) verringert sich die Angst nach dem Pawlowschen Löschungsprinzip (→ *Löschung*). Ähnliche Verfahren zur Phobienbehandlung sind → *Habituationstraining* und → *Reizüberflutung*.

Individualpsychologie (individual psychology)

Entscheidend für die von Alfred Adler entwickelte psychologische Richtung ist die Auseinandersetzung des Individuums mit seiner Umwelt. Nach Adler erwachsen dem Individuum bei der Durchsetzung seines »Lebensplans« und bei der Einordnung in die soziale Umwelt von früher Kindheit an Minderwertigkeitserlebnisse, die zu einem Kompensationsstreben oder gar zu einer Überkompensation führen können.

Induktion (induction)

Bei I. P. → *Pawlow* als reziproke Induktion die Wechselwirkung zwischen Erregungs- und Hemmungsfeldern in der Großhirnrinde: Negative Induktion ist die lokale Konzentration von → *Hemmung* als Folge unmittelbar vorangegangener → *Erregung* benachbarter Kortexgebiete, positive Induktion die lokale Konzentration von Erregung als Folge vorangegangener Hemmung benachbarter Areale.
B. F. → *Skinner* nennt die durch selektive → *Verstärkung* erzeugte Wechselwirkung von → *Reizen* Induktion. Wird z. B. eine Wirkreaktion (→ *Operant*) nur bei eingeschaltetem, nicht aber bei ausgeschaltetem Licht verstärkt, so werden zwei Wirkreaktions-Tendenzen derselben Reaktionsform selektiv verstärkt bzw. gelöscht. Induktion ist die dabei beobachtbare und auf → *Generalisierung* beruhende Wechselwirkung, die sich darin äußert, daß jede Veränderung der einen Tendenz einen gewissen Einfluß auf die andere ausübt.

Instinkt (instinct)

Allgemeine und umfassende Bezeichnung für einen angeborenen, artspezifischen Verhaltensmechanismus, der durch einen spezifischen → *Reiz* ausgelöst werden kann, geordnet abläuft und biologisch zweckmäßig ist, d. h. Anpassungswert besitzt.

Instrumentelle Konditionierung (instrumental conditioning) → Konditionierung, operante

Interaktionsanalyse (interaction analysis)

Von R. F. Bales u. a. entwickeltes Verfahren zur exakten Erfassung des innerhalb einer Gruppe stattfindenden Kommunikationsprozesses. Beachtet wird dabei nicht nur, was gesagt wird, sondern auch, wie es gesagt wird. Man mißt z. B. die Dauer der Gesprächseinheiten und der Gesprächspausen oder die Tendenz, den Partner zu unterbrechen. Die einzelnen Beiträge der Gruppenmitglieder werden ferner im Hinblick auf emotionale und problemlösende Reaktionen untersucht (vgl. in der Soziologie den auf G. H. Mead zurückgehenden *Interaktionismus*, der von T. Parsons und M. Levy weiterentwickelt wurde).

Interferenz (interference)

Bezeichnung für die gegenseitige Beeinflussung bzw. → *Hemmung* von sich überlagernden Gedächtnisinhalten wie z. B. retroaktive (rückwirkende) Hemmung (→ *Hemmung, retroaktive*), d. h. Hemmung eines Inhaltes durch einen unmittelbar danach gelernten oder proaktive Hemmung (→ *Hemmung, proaktive*), d. h. Behinderung eines Lernprozesses durch einen unmittelbar zuvor erworbenen Gedächtnisinhalt.

Intermittierende Verstärkung (intermittent reinforcement) → Verstärkung, partielle

Intervenierende Variable (intervening variable) → Variable

Introspektion (introspection)

Selbstbeobachtung. Systematisches Beobachten und Nachdenken bezüglich der eigenen geistigen Prozesse und Erlebnisse. Diese Methode wurde vom → *Behaviorismus* abgelehnt und weitgehend durch objektivere Ansätze ersetzt. Vieles, was früher Introspektion genannt wurde, läßt sich allerdings für die Wissenschaft dadurch retten, daß man es als verbales Verhalten (→ *Verhalten, verbales*) studiert.

Inzidentes Lernen (incidental learning) → Lernen, inzidentes

Irradiation (irradiation)

Vielseitig verwendete Bezeichnung für das Ausstrahlen oder Übergreifen von Prozessen wie z. B. die Ausbreitung von Erregungs- und Hemmungsprozessen im Nervensystem oder die → *Generalisierung* von Reizen und Reaktionen beim Lernprozeß.

Irradiationstheorie (irradiation theory of learning)

Theorie, die davon ausgeht, daß Lernen auf der selektiven Verstärkung einer aus jenen Reaktionen beruht, die z. B. beim → *Lernen durch Versuch und Irrtum* jeweils zunächst als Folge von → *Irradiation* mit großer Variationsbreite auftreten. Die irrelevanten Reaktionen dagegen werden durch die selektive → *Verstärkung* unterdrückt oder gelöscht (→ *Löschung*).

IRT: Inter-Reaktionszeit (inter response time)

Zwischenzeit. Bezeichnet die zwischen zwei sukzessiven Reaktionen liegende Zeitspanne. Inter-Reaktionszeiten können selektiv verstärkt werden wie z. B. beim DRL oder DRH → *Verstärkungsplan.*

Item (item)

Aufgabe. Aus dem Englischen stammende Bezeichnung für Einzelaufgaben oder Einzelschritte im Rahmen von Testverfahren, Lernprogrammen (→ *Programmierter Unterricht*) oder Experimenten.

Itemanalyse (item analysis)

Bestimmung der Schwierigkeit, Trennschärfe und Reliabilität der einzelnen → *Items* eines Testverfahrens.

James, William

* 1. 11. 1842 in New York, † 16. 8. 1910 in Chocorua, New Hampshire. Studierte zuerst Chemie, dann vergleichende Anatomie und Physiologie an der Harvard University und schließlich Medizin an der Harvard Medical School. Ab 1880 Professor an der Harvard University, zunächst für Physiologie, dann für Philosophie und Psychologie. James gehört zu den Pionieren der amerikanischen Psychologie und war Mitbegründer des → *Funktionalismus.*
W. Werke: *Principles of Psychology,* 2 Bd., 1890; *Pragmatism,* 1907; *The Meaning of Truth,* 1909 (dt. 1914); *Essays on Radical Empiricism,* 1912.
Lit.: Allport, G. W.: »William James and the behavioral sciences«, in: *J. Hist. beh. Sci.,* 1966, 2, 145–147; Knight, M.: *William James.* London u. Tonbridge, ²1954; Linschoten, J.: *Auf dem Wege zu einer phänomenologischen Psychologie (Die Psychologie von W. James),* Berlin 1961.

Kanfer, Frederick H.

* 6. 12. 1925. Studierte Psychologie an der Indiana University in Bloomington, Indiana. Professor für Psychologie an mehreren amerikanischen Universitäten und Gastprofessor für Verhal-

tensmodifikation an zahlreichen Universitäten in England, Deutschland, Holland und Schweden. Ist zur Zeit Professor an der University of Illinois und leitet ein Aus- und Weiterbildungsprogramm in Verhaltensmodifikation für europäische Studenten.
Arbeitsgebiet: Anwendung der Lerntheorien in der klinischen Forschung, Persönlichkeitstheorie und Psychotherapie.
W. Werke: *Learning Foundations of Behavior Therapy*, New York 1970 (mit J. S. Philips), dt. *Lerntheoretische Grundlagen der Verhaltenstherapie*, München 1975; *Helping People Change: A Textbook of Methods*, New York 1975 (Hrsg. mit A. P. Goldstein).

Kettenreflex (reflex chain) → Verhaltenskette

Klix, F.

* 13. 10. 1927 in Friedersdorf (Sachsen). Psychologiestudium an der Humboldt-Universität zu Berlin. Tätigkeit als Dozent in Jena. Seit 1962 Professor an der Humboldt-Universität zu Berlin. Herausgeber der *Zeitschrift für Psychologie*.
W. Werke: *Elementaranalysen zur Psychophysik der Raumwahrnehmung*, Berlin 1962; *Information und Verhalten*, 1971; *Psychologische Analysen kognitiver Prozesse*, 1976.

Kognition (cognition)

Umfassender Oberbegriff für all jene psychischen Vorgänge, Fähigkeiten und Funktionen, wodurch das Individuum bewußte Kenntnis von seiner Umwelt und sich selbst erhält. Dazu gehören: bewußte → *Wahrnehmung*, → *Denken*, Erkennen, Vorstellen, Urteilen, → *Gedächtnis*, → *Lernen*, Sprache usw. Verhalten, das unter *kognitiver Kontrolle* steht, wird als *kognitives Verhalten* bezeichnet und vom sog. emotionalen Verhalten (→ *Verhalten, emotionales*) unterschieden.

Kognitive Dissonanz (cognitive dissonance)

Nichtzusammenpassen von zwei oder mehreren kognitiven Elementen, wodurch eine Spannung entsteht. Nach der *kognitiven Dissonanztheorie* von L. → *Festinger* ist der Mensch bestrebt, ein kognitives Gleichgewicht zu erhalten, d. h. sein Handeln, Erleben und Verhalten rational erklären zu können. Im Falle eines kognitiven Ungleichgewichts wird deshalb versucht, diese Spannung durch die Bewertung des eigenen Verhaltens zu reduzieren, d. h., es kommt zu Einstellungsänderungen.

Kognitive Kontrolle (cognitive control) → Kognition

Kognitive Landkarte (cognitive map)

Kognitive Karte. Von E. C. → *Tolman* eingeführte Bezeichnung für die angenommenen assoziativen Beziehungen (→ *Assoziation*) zwischen Mittel, Weg und Zweck, die beim Erreichen eines Verhaltensziels gebildet werden. Nach Tolman lernt ein Tier nicht eine Folge von Bewegungen, sondern Beziehungen zwischen einzelnen Reizen (Zeichen) und dem Verhaltensziel (z. B. Futter), wobei die → *Erwartung* eine wesentliche Rolle spielt. Durch wiederholte Konfrontation mit der gleichen Situation wird diese Kognitive Karte gefestigt und verbessert so die Leistung, was als Lernen interpretiert wird. Wie eine Landkarte führt sie das Verhalten und ermöglicht auch die Anpassung an veränderte Bedingungen wie z. B. beim → *Transfer* oder bei der Transposition (→ *Transpositionsverhalten*).

Kognitive Lerntheorie (cognitive theory of learning)

Lerntheorien, die annehmen, daß nicht Reiz-Reaktionsfolgen, sondern *kognitive Strukturen* gelernt werden, wobei die → *Erwartung* eine wesentliche Rolle spielt. Die kognitiven Lerntheorien betonen alle die Wahrnehmungs- und Repräsentationsprozesse und richten sich gegen die → *Reiz-Reaktions-Theorien.* Bedeutung hat vor allem die Theorie von E. C. → *Tolman* erlangt, die das Verhalten nicht auf molekularer, sondern auf molarer Ebene beschreibt. Nach diesem System ist Verhalten zielgerichtet (→ *Verhalten, zielorientiertes*), und der Organismus lernt nicht Bewegungsfolgen, sondern Erwartungen, d. h. Bedeutungszusammenhänge zwischen der aktuellen Situation und dem Verhaltensziel. Anstelle der → *Verstärkung* tritt das Prinzip der Bestätigung. Der Organismus sucht aktiv signifikante Reize, die in seine → *Kognitive Landkarte* passen. Das Verhalten ist bestimmt durch die zielorientierte Wahrnehmung der Gesamtsituation, d. h. durch Zeichen-Gestalt-Erwartungen, die motivationale und perzeptive Elemente beinhalten.

Kognitive Übung (cognitive rehearsal)

Mentales Training. Einüben bzw. geistiges Nachvollziehen eines bestimmten Verhaltens durch bloße Vorstellung und ohne aktive Betätigung. Dieses Verfahren wird z. B. bei der systematischen → *Desensibilisierung* angewendet, wenn sich der Patient die angstauslösenden Reize oder Situationen vorstellungsmäßig vor Augen führen soll und nicht, wie bei der Desensibilisierung, in der realen Situation direkt mit ihnen konfrontiert wird (vgl. → *Reizüberflutung*, → *Implosionstherapie*).

Kognitives Verhalten (cognitive behavior) → Kognition

Köhler, Wolfgang

* 21. 1. 1887 in Reval, Estland, † 11. 6. 1967 in Lebanon, New Hampshire. Psychologiestudium in Berlin, Privatdozent in Frankfurt und von 1913–1920 Direktor der Anthropoidenstation der Akademie der Wissenschaften auf Teneriffa. 1921 übernimmt er als Nachfolger von C. Stumpf die Leitung des psychologischen Laboratoriums in Berlin und wird im folgenden Jahr Professor für Psychologie und Philosophie. Emigriert 1935 in die USA und wirkte bis zu seinem 1955 erfolgten Rücktritt als Professor am Swarthmore-College. Köhler gilt gemeinsam mit Max Wertheimer (1880–1943), Kurt Koffka (1886–1941) und Kurt Lewin (1890–1947) als Mitbegründer der Gestaltpsychologie, der sogenannten Berliner Schule. Köhler wurde vor allem durch seine auf Teneriffa durchgeführten Untersuchungen über Intelligenzleistungen von Menschenaffen bekannt. Er konnte nachweisen, daß auch Tiere einsichtig handeln und Werkzeuge gebrauchen, bzw. unter entsprechenden Umständen sogar herstellen können. Köhler richtete sich gegen die assoziationspsychologischen → *Lerntheorien*, insbesondere gegen das Prinzip der Assoziation durch → *Kontiguität*. Nach seiner Ansicht werden assoziierte Inhalte aufgrund gestaltpsychologischer Organisationstendenzen zu Teilen einer Gestalt.

W. Werke: *Intelligenzprüfung an Menschenaffen*, 1917; *Die physischen Gestalten in Ruhe und im stationären Zustand*, 1920; *Gestalt Psychology*, 1929; *Dynamics in Psychology*, 1940; *On the Nature of Associations*, 1941; *Figural Aftereffects: An Investigation of Visual Processes*, 1944 (mit H. Wallach).

Lit.: B. Petermann: *Die Wertheimer-Koffka-Köhlersche Gestalttheorie und das Gestaltproblem*, Leipzig 1929.

Kolernen (co-learning) → Lernen, soziales

Konditioneller aversiver Reiz (conditioned aversive stimulus) → Reiz, konditioneller aversiver

Konditioneller Reiz (conditioned stimulus, CS) → Konditionierung, klassische

Konditionierte emotionale Reaktion (conditioned emotional response, CER)

Durch einen konditionellen Reiz erzeugte Unterdrückung der beispielsweise in einer → *Skinner-Box* gezeigten Reaktionsrate, die eintritt, wenn klassische und operante → *Konditionierung* miteinander kombiniert werden. Haben z. B. Ratten gelernt, für Futterbelohnung einen Hebel zu drücken, und bietet man nun während dieses operanten Verhaltens eine gewisse Zeit lang einen Reiz (z. B. Licht oder Ton) dar, an dessen Ende unabhängig vom Verhalten ein elektrischer Schlag folgt, so sinkt nach einigen Koppelungen von Signalreiz und Schock die Häufigkeit des Hebeldrückens während des Signalreizes jeweils stark ab. Mit dieser Versuchsanordnung läßt sich die durch Angstreize (→ *Angst*) bedingte Beeinträchtigung des Verhaltens quantitativ erfassen.

Konditionierte Hemmung (conditioned inhibition) → Hemmung, konditionierte

Konditionierte Reaktion (conditioned response, conditioned reaction, CR) → Konditionierung, klassische

Konditionierte Unterdrückung (conditioned suppression)

Wird ein neutraler Reiz mehrmals mit einem unkonditionellen aversiven Reiz (→ *Reiz, aversiver*) gekoppelt, so erwirbt der ursprünglich neutrale Reiz den Effekt, das jeweils bei seinem Auftreten gerade ablaufende Verhalten zu unterdrücken. Eine Form von konditionierter Unterdrückung ist die sog. → *konditionierte emotionale Reaktion.*

Konditionierte Verstärkung (conditioned reinforcement) → Verstärkung, sekundäre

Konditionierter Reflex (conditioned reflex) → Konditionierung, klassische

Konditionierung (conditioning)

Bedingen, Konditionieren. Experimentelles Verfahren bzw. lebenswichtige Erfahrung, die dazu führt, daß eine umschriebene → *Reaktion* oder ein → *Verhalten* von bestimmten Bedingungen abhängig wird und deshalb mit großer Wahrscheinlichkeit durch diese Bedingungen wieder ausgelöst werden kann. Bei der klassischen Konditionierung (→ *Konditionierung, klassische*) handelt es sich dabei um Selektion von Reizen, deren Signalbedeutung erlernt wird und die dadurch nach erfolgter Konditionierung zu Reaktionen führen, die ursprünglich nur durch natürliche Reize ausgelöst werden konnten. Operante oder instrumentelle Konditionierung (→ *Konditionierung, operante*) dagegen ist die Selektion von Reaktionen oder von Verhalten aufgrund ihrer Auswirkungen auf die Umwelt. Erfolgreiches Verhalten wird dabei mit den betreffenden Reiz- oder Umweltbedingungen assoziiert (→ *Assoziation*) und kann später durch entsprechende Reize oder Situationen erneut ausgelöst werden. Konditionierte Reaktionen können sich durch Generalisierungsprozesse (→ *Generalisierung*) auf ähnliche Situation übertragen oder durch → *Diskrimination* bzw. → *Unterscheidungslernen* eingeengt werden.

Konditionierung, aversive (aversive conditioning)

Form der → *Gegenkonditionierung* mit aversiven Reizen (→ *Reiz, aversiver*) als → *Strafstimuli.* Wird als → *Aversionstherapie* gelegentlich zur Behandlung von Homosexualität, Stottern oder Alkoholismus angewendet.

Konditionierung, höherer Ordnung (higher order conditioning) → Konditionierung, klassische

Konditionierung, instrumentelle (instrumental conditioning) → Konditionierung, operante

Konditionierung, klassische (classical conditioning)

Respondente Konditionierung, Typ S Konditionierung. Von I. P. → *Pawlow* entdeckter und zu einer Experimentiertechnik

ausgearbeiteter Lernaspekt (vgl. Abbildung). Pawlow bot einem Hund Futter an, worauf dieser als natürliche → *Reaktion* Speichel absonderte. Parallel dazu lief ein Metronom. Mit zunehmender Versuchserfahrung trat nun bereits beim Ertönen der Metronomschläge Speichelfluß auf, also bevor der Hund das Futter überhaupt sah. Die Metronomschläge und die experimentelle Situation wurden somit zum Signalreiz für Futter. Der gleiche Effekt ließ sich auch mit einem Glockenton oder einem Lichtsignal erzeugen.
Damit klassische Konditionierung möglich ist, müssen drei Bedingungen erfüllt sein:

1. Ein natürlicher Reiz (z. B. Futter), der zuverlässig eine Reaktion, meist einen → *Reflex*, auslöst;

2. ein neutraler Reiz, der diese Reaktion normalerweise nicht auslöst;

3. systematisches Darbieten dieser beiden Reize, wobei der neutrale Reiz dem natürlichen zeitlich unmittelbar vorangeht, bis er in der Lage ist, eine ähnliche Reaktion wie der Originalreiz auszulösen, wenn er für sich allein dargeboten wird.

Der Originalreiz wird *unkonditioneller Reiz* (UCS) oder auch bedingter, unkonditionierter bzw. nicht-konditioneller Reiz genannt, die dadurch ausgelöste Reaktion *unkonditionierter* (unbedingter) *Reflex* bzw. *unkonditionierte Reaktion* (UCR). Der ursprünglich neutrale Reiz heißt *konditioneller Reiz* (CS) oder auch bedingter bzw. konditionierter Reiz. Dieser löst nach erfolgter Konditionierung den *konditionierten* (bedingten) *Reflex* bzw. die *konditionierte Reaktion* (CR) aus. Das nahezu gleichzeitige Darbieten von CS und UCS wird → *Verstärkung* genannt, da es die CR verstärkt, alleiniges Darbieten des CS dagegen → *Löschung*, da es die CR wieder abschwächt. Die konditionierte Reaktion stimmt normalerweise nicht vollständig mit der unkonditionierten überein. Sie ist meist weniger komplex, weniger intensiv und andauernd und hat eine größere → *Latenz*. Zudem ist sie löschbar (→ *Löschung*). Durch *Konditionierung höherer Ordnung* (higher order conditioning) kann der Konditionierungseffekt auf weitere Reize übertragen werden, indem diese mit dem primären CS (nicht aber mit dem UCS) gepaart werden.
Klassische Konditionierung hat Anpassungswert, denn der Si-

gnalreiz gestattet es dem Organismus, sich an seine Umwelt physiologisch anzupassen. Sie kann aber auch zu Fehlanpassungen und unter Umständen zu psychosomatischen Störungen führen, besonders wenn es sich um konditionierte Reaktionen mit großer → *Löschungsresistenz* handelt.

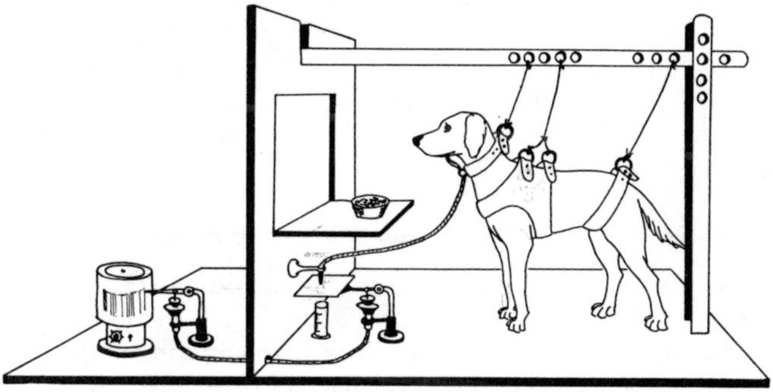

Klassische Konditionierung: Dem Versuchstier werden unmittelbar nacheinander ein akustisches Signal und Futter dargeboten. Der Ausführungsgang der Ohrspeicheldrüse ist nach außen geführt, und jeder abgesonderte Speicheltropfen schließt einen elektrischen Kontakt. Diese Impulse können durch einen Zähler oder einen Schreiber registriert werden.

Konditionierung, operante (operant conditioning)

Typ R Konditionierung. Von B. F. → *Skinner* systematisch untersuchter Lernaspekt. Wird unmittelbar nach Vollzug einer bestimmten Reaktion ein verstärkender Reiz (→ *Verstärker*) dargeboten, so nimmt die Wahrscheinlichkeit zu, daß diese Reaktion unter ähnlichen Bedingungen erneut auftritt. Die betreffende Reaktion wird → *Operant* genannt, da sie vom Organismus als Operation im Sinne einer Handlung vollzogen werden muß, damit dieser den verstärkenden Reiz erhält. Mit einer speziellen Versuchsanordnung (z. B. Niederdrücken eines Hebels für Futterbelohnung), genannt → *Skinner-Box,* untersuchte Skinner im Tierexperiment die Beziehungen zwischen Verstärkungsbedingung und Auftretenshäufigkeit bzw. Stärke des Operanten (→ *Reaktionsrate,* → *Reaktionsstärke*). Dadurch konnten Wirksamkeit und Eigenschaften verschiedener → *Ver-*

stärkungspläne systematisch geprüft und allgemeine Gesetzmäßigkeiten formuliert werden, die sich z. B. auch in der → *Verhaltensmodifikation* anwenden lassen.
Die → *instrumentelle Konditionierung* unterscheidet sich insofern von der operanten, als der Experimentator den Versuchsablauf in einzelne → *Durchgänge* unterteilt. Dem Versuchstier (bzw. der Versuchsperson) wird durch einen Signalreiz angezeigt, wenn eine Reaktion bzw. eine Wahl zwischen mehreren Reaktionsmöglichkeiten vollzogen werden kann. Zwischen den einzelnen Durchgängen wird meist eine → *Auszeit* eingeschoben. Allerdings werden die beiden Begriffe häufig auch synonym verwendet.

Konditionierung, rückwirkende (backward conditioning)

Retrograde Konditionierung, Rückwärtskonditionierung, rückwirkende Assoziation. Form der klassischen Konditionierung (→ *Konditionierung, klassische*), bei welcher der unkonditionelle Reiz UCS nicht wie im Normalfall nach Beginn des konditionellen Reizes CS, sondern *vor* dem CS dargeboten wird. Falls rückwirkende Konditionierung überhaupt auftritt, ist diese nie sehr wirksam, und sie konnte auch noch nie eindeutig nachgewiesen werden.

Konditionierung, semantische (semantic conditioning)

Wird nach erfolgter klassischer Konditionierung einer Reaktion auf ein bestimmtes Reizwort ein neues Wort dargeboten, so kann auch dieser neue Reiz die konditionierte Reaktion hervorrufen, falls er eine Bedeutungs- oder Sinnverwandtschaft zum ursprünglich konditionierten Reizwort aufweist. Dieses Phänomen wird semantische Konditionierung genannt und stellt eine → *Reizgeneralisierung* über das Bedeutungsfeld eines verbalen Reizes dar. Es konnte nachgewiesen werden, daß zwischen Alter und semantischer Konditionierung, aber auch zwischen Intelligenzentwicklung und semantischer Konditionierung Beziehungen bestehen. Es wäre denkbar, daß beim Assoziationsexperiment, das in der → *Analytischen Psychologie* C. G. Jungs verwendet wird, ähnliche Vorgänge auftreten.

Konditionierung, verbale (verbal conditioning)

Verstärken von verbalem Verhalten, meist in Form von Zustimmung durch den Zuhörer. Dadurch kann z. B. ein Gespräch aufrechterhalten werden. Es können aber auch individuelle Wörter einer Wortklasse selektiv verstärkt werden, wodurch ihre Auftretenshäufigkeit ansteigt. In der Verhaltenstherapie wird verbale Konditionierung z. B. verwendet, um das Sprechverhalten des Patienten zu leiten und zu fördern, damit er die Erfahrung macht, daß seine Äußerungen nicht abgelehnt oder bestraft werden.

Konflikt (conflict)

Gleichwertiger → *Anreiz* für zwei oder mehrere einander ausschließende Reaktionen. Je nachdem, ob es sich bei den betreffenden Reaktionen um Annäherungs- oder Vermeidungsreaktionen handelt, werden drei verschiedene Konfliktarten unterschieden, nämlich → *Konflikte zwischen Annäherungstendenzen*, → *Konflikte zwischen Tendenzen des Annäherns und des Meidens* und → *Konflikte zwischen Vermeidungstendenzen.*

Konflikt zwischen Annäherungstendenzen (approach-approach conflict)

Konflikt zwischen Appetenztendenzen, der entsteht, wenn ein Organismus gleichzeitig durch zwei positive, einander aber ganz oder teilweise ausschließende Ziele angezogen wird, wobei er sich bei Einzeldarbietungen auf jedes dieser Ziele hinbewegen würde. (Vgl. in der Philosophie Buridans Esel, der vor lauter Zögern zwischen zwei Heuballen an Hunger stirbt.)

Konflikt zwischen Tendenzen des Annäherns und des Meidens (approach-avoidance conflict)

Situation, in der ein positiver und ein negativer Reiz in räumlicher und zeitlicher Nähe dargeboten werden, wobei bei Einzeldarbietung der eine Reiz den Organismus zu einer Annäherung veranlassen würde, der andere aber zu einem Vermeiden (→ *Vermeidung*). Hinsichtlich der Bewegungsrichtung des Organismus ist ein Konflikt zu erwarten, da das positive Ziel nicht erreicht werden kann, ohne gleichzeitig dem negativen Reiz ausgesetzt zu werden.

Konflikt zwischen Vermeidungstendenzen (avoidance-avoidance conflict)

Konflikt zwischen Aversionstendenzen, der entsteht, wenn ein Organismus gleichzeitig zwei negativen Zielen oder Situationen ausgesetzt ist und jede der beiden Situationen nur durch Annäherung an die andere vermieden werden kann. Durch eine Annäherung steigt jedoch der → *Vermeidungsgradient* für die betreffende Situation, während er für die andere, gemiedene Situation absinkt. Sind beide Situationen gleich negativ, so bewegt sich der Organismus zwischen den Alternativen hin und her, wodurch er unter großen → *Streß* gerät.

Konjugierte Verstärkung (conjugate reinforcement) → Verstärkung, konjugierte

Konjunktiv-Verstärkungsplan (conjunctive schedule) → Verstärkungsplan

Konorski, Jerzy

* 1. 12. 1903 in Lódź, † 14. 9. 1973 in Warschau. Führte zusammen mit seinem Kollegen Stefan Miller bereits Ende der 20er Jahre als junger Medizinstudent bahnbrechende Untersuchungen über physiologische Mechanismen der operanten Konditionierung durch. Aufgrund dieser Arbeiten, die den Befunden I. P. → *Pawlows* teilweise widersprachen, wurde er von diesem für einen zweijährigen Aufenthalt nach Leningrad eingeladen. Nach seiner Rückkehr nach Warschau organisierte er ein neurophysiologisches Labor am Nencki Institut für experimentelle Biologie, das sich zu einem Zentrum für Untersuchungen über die zentralen Mechanismen von operant konditionierten Reflexen entwickelte. Professor Konorskis Arbeiten wurden erst später im Westen bekannt, als B. F. → *Skinner* begann, operantes Verhalten systematisch zu analysieren. Mit Skinner focht er dann auch eingehende lerntheoretische Kontroversen aus.
W. Werke: *Conditioned Reflexes and Neuron Organisation*, Cambridge 1948; *Intergrative Activity of the Brain*, Chicago 1967.

Konstrukt (construct)

Theoretisches Konzept, das die Beziehungen zwischen empirisch verifizierbaren Ereignissen erklärt und aufgrund von Beobachtungsdaten erstellt wurde. In den → *Lerntheorien* werden hypothetische Konstrukte verwendet, um im Organismus stattfindende, nicht direkt beobachtbare Prozesse zu erklären (vgl. intervenierende → *Variable*).

Konsumatorische Endhandlung (consummatory response) → Zielreaktion

Kontiguität (contiguity)

Aneinandergrenzen, Angrenzen, Zusammensein, Berührung. Räumliche und zeitliche Nachbarschaft von → *Reizen* und → *Reaktionen*, wodurch diese miteinander assoziiert (→ *Assoziation*) werden. Kontiguität ist eine wesentliche Voraussetzung für → *Konditionierung* und → *Lernen*.
Nach der Kontiguitätstheorie von E. R. → *Guthrie* ist die Bildung von Assoziationen aufgrund der Gleichzeitigkeit von Reiz und Bewegung (Reaktion) nicht nur notwendige, sondern auch hinreichende Bedingung für den Lernvorgang.

Kontingenz (contingency)

Verknüpfen von verschiedenen Ereignissen, z. B. von → *Reaktion* oder → *Verhalten* mit → *Verstärkung* bzw. von einer Verhaltensweise mit einer anderen, wodurch eine Wechselbeziehung entsteht. Die Verstärkungskontingenz ist eine wesentliche Voraussetzung für die operante Konditionierung (→ *Konditionierung, operante*) und wird als Mittel zur → *Verhaltenskontrolle* eingesetzt (vgl. → *Kontiguität*).

Kontingenz-Management (contingency management)

Methode zur Veränderung von Verhalten, die sowohl bei der → *Fremdkontrolle* als auch bei der → *Selbstkontrolle* eingesetzt werden kann und auf einem von D. → *Premack* formulierten Prinzip beruht. Nach diesem Prinzip wird eine Verhaltensweise automatisch gestärkt, wenn ihr ein Verhalten mit größerer, unabhängiger → *Reaktionsrate* (Reaktionswahrscheinlichkeit) unmittelbar nachfolgt. Mit dem Kontingenz-Management versucht

man, die Wahrscheinlichkeit des Auftretens von Reaktionen, die dem → *Problemverhalten* und seinen Vorläufern entgegengesetzt sind, dadurch zu erhöhen, daß man sie vor häufig auftretende Verhaltensweisen wie Essen, Trinken, Geld in die Hand nehmen, Telefonieren usw. einschiebt.
Eine besondere Form von Kontingenz-Management ist die zur → *Selbstkontrolle* eingesetzte *Coverant-Kontrolle* (coverant control). Das Verhalten wird dabei mit Hilfe verdeckter verbaler Reaktionen, die als kontrollierende Hinweisreize (→ *Reiz, diskriminativer*) für wünschbares Verhalten dienen, umgestaltet. Der Begriff »coverant« (Kombination aus covert und operant, d. h. verdeckt und operant) bezeichnet Reaktionen, bei denen es sich um verbale → *Operanten* handelt, die einem äußeren Beobachter gewöhnlich nicht zugänglich sind. Dazu gehören Verhaltensweisen wie verdecktes Verbalisieren (→ *Verhalten, verbales*), → *Denken*, Sich-Vorstellen und Entspannen (→ *Entspannungstechniken*). Als → *Selbstsicherheitstraining* kann z. B. einem Patienten aufgetragen werden, vor spezifischen Situationen, die täglich mehrmals auftreten, jeweils eine bestimmte positive Feststellung über sich selbst, sog. *Procoverants*, im stillen zu wiederholen.

Kontinuierliche Vermeidung (free operant avoidance)

Sidman Vermeidung. Spezielle Form von → *Vermeidungslernen*. Das Versuchstier wird dazu in eine geeignete → *Skinner-Box* gesetzt, wo es z. B. einen Hebel betätigen kann. In regelmäßigen, vorprogrammierten Zeitabständen, dem sog. Schock-Schock-Intervall oder SS-Intervall, wird dem Tier ein kurzer, intensiver Schock verabreicht, falls es den Hebel nicht betätigt. Jeder Hebeldruck dagegen schiebt den nächsten Schock um ein bestimmtes Intervall, das sog. Reaktions-Schock-Intervall oder RS-Intervall, hinaus. Das Tier kann also das Auftreten eines Schocks immer weiter verzögern und ihn dadurch dauernd vermeiden, solange es jeweils vor Ablauf des RS-Intervalls reagiert. Dabei gibt es keine exterozeptiven Reizsignale, die die zeitliche Nähe des nächsten Schocks anzeigen (vgl. → *Antizipation*). Da der einzelne Schock nur kurz andauert, beendet das Tier durch die operante Reaktion nie einen Schock, sondern es kann nur sein Auftreten verzögern.

Kontinuierliche Verstärkung (continuous reinforcement) → Immerverstärkung

Krasner, Leonhard

* 17. 12. 1924 in Brooklyn, New York (USA). Psychologiestudium an der Columbia University. Professor an verschiedenen amerikanischen Universitäten, seit 1965 Professor und Klinikdirektor an der State University of New York in Stony Brook.
Arbeitsgebiet: Verhaltenstherapie, operantes Konditionieren von Verbalverhalten, Persönlichkeitstheorien.
W. Werke: *Case Studies in Behavior Modification*, New York 1965 (Hrsg. mit L. P. → *Ullmann*); *Research in Behavior Modification*, New York 1965 (Hrsg. mit L. P. Ullmann); *A Psychological Approach to Abnormal Behavior*, Engelwood Cliffs, New Jersey 1969 (mit L. P. Ullmann); *Behavior Influence and Personality*, 1973 (mit L. P. Ullmann).

Krech, David

* 27. 3. 1909 in Rußland als Krechevsky. 1913 Übersiedlung in die USA. Psychologiestudium an der University of California in Berkeley. 1949–1971 Professor in Berkeley.
Arbeitsgebiet: Neurologische Grundlagen des Verhaltens, Lerntheorien und Sozialpsychologie.
W. Werke: *Theory and Problems of Social Psychology*, 1948 (mit R. S. Crutchfield); *Elements of Psychology*, 1969 (mit R. S. Crutchfield und E. L. Ballachey); *The Individual in Society*, 1963.

Kumulativaufzeichnung (cumulative record)

Eine kontinuierliche summative Aufzeichnung, bei der neue Daten stets zum vorangehenden Total addiert werden. Die Kumulativaufzeichnung wird üblicherweise zum Registrieren und Beschreiben von operantem Verhalten (→ *Konditionierung, operante*) verwendet, indem ein elektromechanischer Schreiber die operanten Reaktionen kumulativ über die Zeit als Abszisse aufträgt. Obwohl häufig als → *Lernkurven* bezeichnet, handelt es sich dabei eigentlich um Arbeitskurven (siehe Abbildung Kumulativschreiber auf Seite 74 oben).

Kurzzeitgedächtnis (short term memory) → Gedächtnis

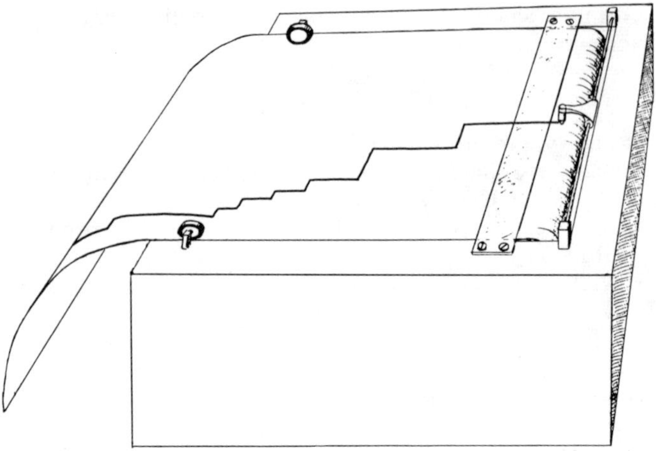

Kumulativschreiber: Der Papiervorschub erfolgt mit einer konstanten, relativ langsamen Geschwindigkeit. Jede Wirkreaktion des Versuchstiers verschiebt die Schreibfeder um eine kleine Einheit nach oben. Aus der Steilheit der resultierenden Kurve kann die Reaktionsrate ermittelt werden. Hohe Reaktionsraten ergeben steile Kurven, Reaktionspausen dagegen äußern sich durch waagrechte Linien.

Labyrinth (maze)

Als Irrgarten angelegtes System von Gängen mit Sackgassen und einem zum → *Ziel* führenden Weg, welches besonders für Lernversuche mit Ratten Verwendung findet. Am häufigsten werden das einfache T-Labyrinth (siehe Abbildung) benützt oder, damit eine möglichst große Zahl von Alternativentscheidungen beobachtet werden kann, zusammengesetzte T-Labyrinthe. Labyrinthversuche lassen sich auf zwei Arten durchführen, je nachdem, ob man Korrekturen zulassen will oder nicht. Im ersten Fall kann das Tier umkehren, wenn es z. B. im T-Labyrinth zur falschen Seite gelaufen ist (Korrekturmethode, correction method), im zweiten Fall wird der Lauf (→ *Versuch*) unmittelbar nach erfolgter Reaktion beendet, und man verhindert eine Umkehr durch Herablassen einer Falltüre (Reaktionsmethode, non correction method).

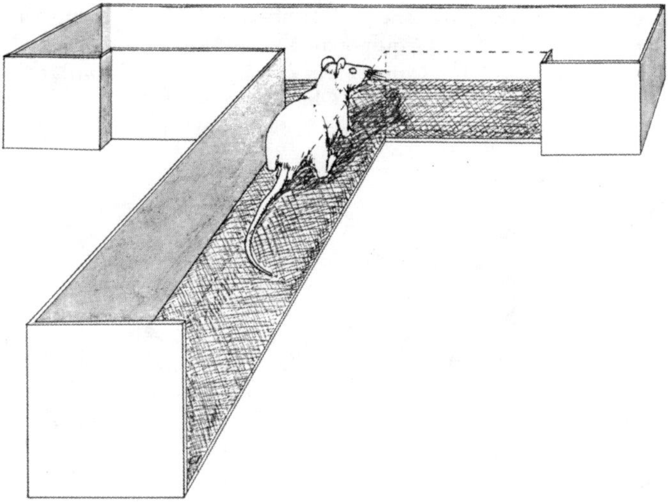

T-Labyrinth: Das Versuchstier hat das im Vordergrund liegende Startabteil verlassen und muß sich nun am Wahlpunkt entscheiden, in das linke oder rechte Zielabteil zu laufen. Bei jedem Durchgang sind eines oder auch beide Zielabteile mit einem Futterbrocken geködert. Diese Versuchsanordnung wird häufig für Lern- und Diskriminationsexperimente mit Tieren verwendet.

Langzeitgedächtnis (long term memory) → Gedächtnis

Lashley, Karl Spencer

* 7. 6. 1890 in Davis (West Virginia), † 7. 8. 1958 in Poitiers (Frankreich). Studium in Zoologie an der Johns Hopkins University. Professor an mehreren amerikanischen Universitäten, ab 1937 Lehrstuhl für Neuropsychologie an der Harvard University und nach 1942 als Nachfolger von R. M. → *Yerkes* Direktor der »Yale Laboratories of Primate Biology« in Orange Park, Florida. Mit dem von ihm konstruierten Lashley Sprungstand (siehe Abbildung) untersuchte er an Ratten die Funktion kortikaler Prozesse bei Lern- und Gedächtnisvorgängen. Dabei stellte er fest, daß das Verhaltensdefizit nach Hirnläsionen nicht von der Lokalisation, sondern vom Umfang des entfernten Hirngewebes abhängt (»mass action« – Prinzip) und daß bei Schädigung einzel-

ner Gehirnabschnitte andere Hirnbereiche deren Funktion übernehmen können (»equipotentiality«-Prinzip).
W. Werke: *Brain Mechanisms and Intelligence: A Quantitative Study of Injuries to the Brain,* Chicago 1929; »In search of the engram«, in: *Symp. Soc. exp. Biol.,* New York 1950.

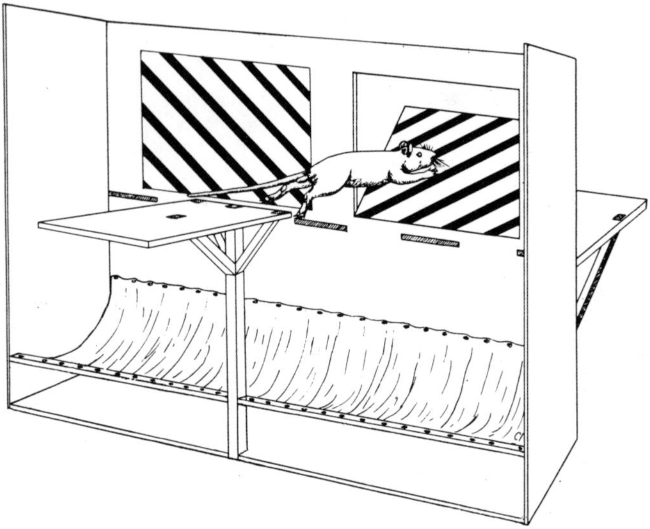

Lashley Sprungstand (Lashley jumping stand): Von K. S. Lashley entwikkelter Versuchsstand für visuelles → *Unterscheidungslernen.* Das Versuchstier, meist eine Ratte, steht auf einer Plattform und hat die Möglichkeit, gegen eine der beiden Türen zu springen, die mit unterschiedlichen Reiz-Mustern gekennzeichnet sind. Die Türe mit dem positiven Reizmuster öffnet sich durch das Anspringen, und das Tier kann die dahinterliegende Futterbelohnung erlangen. Die andere Tür dagegen ist verschlossen, und das Tier prallt daran ab, wenn es diese als falsch definierte Alternative wählt. Um den Absprung zu erzwingen, kann die Plattform elektrisch geladen werden.

Latentes Lernen (latent learning) → Lernen, latentes

Latenz (latency)

Zeitraum zwischen dem Auftreten eines Ereignisses (→ *Reiz,* → *Auslöser,* Situation), das eine Reaktion kontrolliert, und dem Einsetzen der Reaktion.

Lazarus, Arnold Allan

* 27. 1. 1932 in Johannesburg (Südafrika). Studierte experimentelle und klinische Psychologie an der Universität Witwatersrand in Johannesburg. Berufliche Weiterbildung in London, anschließend Professor für Psychologie an mehreren amerikanischen Universitäten, seit 1972 an der Rutgers University in New Jersey, wo er sich der Ausbildung von Verhaltenstherapeuten widmet. Sein Hauptinteresse bilden Forschungsarbeiten über multimodale Verhaltenstherapie.
W. Werke: *Behavior Therapy and Beyond*, New York 1971; *Clinical Behavior Therapy*, New York 1972; *I can if I want to*, New York 1975 (mit A. Fayli); *Multimodal Behavior Therapy*, New York 1976.

Leerlaufverhalten (vacuum activity)

Aus der Ethologie (→ *Verhaltensforschung*) stammender Begriff für das Auftreten eines starren → *Verhaltensmusters* bei Abwesenheit seines normalen → *Auslösers*. Man nimmt an, daß Leerlaufverhalten die Folge eines hohen Triebzustandes (→ *Trieb*) ist.

Lehrmaschinen (teaching machines) → Programmierter Unterricht

Leistung (performance)

Ausführung, Lernleistung, Performanz. Allgemeine Bezeichnung für den Grad, mit dem ein bestimmtes Lernproblem oder ein Verhaltenstest bewältigt wird, aber auch die dabei gezeigte aufgabenrelevante Verhaltensaktivität.

Lerndurchgang (trial) → Versuch

Lerneinstellung (learning set)

Lernhaltung. Durch Lernen erworbene, allgemeine Disposition zum Lösen einander ähnlicher Probleme. Eigentlich: Lernen, wie man lernt. Dadurch entstehen Veränderungen bzw. Verbesserungen in der Auffassung einer Problemsituation oder eines Lernstoffes, die ein schnelleres bzw. besseres Lernen ermöglichen.

Lernen (learning)

Im Alltagsgebrauch versteht man unter Lernen vorwiegend den Erwerb und die Änderung von kognitiven Strukturen wie die Anhäufung von schulischem Wissen. Lernen sollte aber nicht mit → *Gedächtnis* verwechselt werden.
Die → *Lernpsychologie* bezeichnet Lernen als den Erwerb von relativ andauernden Verhaltensänderungen bzw. Änderungen der Verhaltensmöglichkeiten aufgrund von Erfahrung. Sie versucht die Bedingungen zu analysieren, unter denen dieser Prozeß stattfindet. Kurzfristige Änderungen wie → *Adaptation*, → *Gewöhnung*, Ermüdung oder Drogeneinflüsse sowie auf bestimmte strukturelle Veränderungen des Nervensystems (z. B. Reifung, Altern, Verletzung, Krankheiten) zurückgehende Verhaltensänderungen werden dagegen ausgeschlossen. Lernen kann nicht direkt beobachtet werden, sondern nur die während des Lernvorgangs oder bei der späteren Anwendung gezeigte → *Leistung*.

Lernen durch Einsicht (insight-learning)

Einsichtiges Lernen. Verhaltensänderung, die durch spontanes Erfassen der Aufgabenstruktur zustande kommt, ohne daß Reaktionsmöglichkeiten erprobt werden müssen. Gilt als Gegenstück zum → *Lernen durch Versuch und Irrtum*. Die typische Form des Lernens durch Einsicht ist das Problemlösen, wenn das Prinzip der Lösung erkannt und auf die Aufgabenstellung übertragen werden kann.

Lernen durch Versuch und Irrtum (trial and error learning)

Lernen am Erfolg, Probierverhalten, Versuch-Irrtums-Lernen. Bezeichnung für die Tatsache, daß Lebewesen in Situationen, für die keine angeborene oder erlernte Verhaltensweisen bereitstehen, zunächst ein vielfältiges, anscheinend ungerichtetes und zufälliges Verhalten zeigen, aus dem sich allmählich das zum Erfolg führende herausbildet (→ *Effektgesetz*, → *Konditionierung, operante*). Da in diesem Fall sowohl am Erfolg als auch am Mißerfolg gelernt wird und der wesentliche Aspekt das Erfassen der Verhaltenskonsequenzen ist, sollte diese Form des Lernens eigentlich Lernen durch Versuch und Rückmeldung (→ *Feedback*) heißen.

Lernen in einem Lerndurchgang (one-trial learning)

In verschiedenen Lernsituationen genügt schon ein einzelner Durchgang (→ *Versuch*) zur Erzielung einer dauernden Verhaltensänderung, insbesondere, wenn starke → *Strafstimuli* wie elektrische Schocks eingesetzt werden. Solche Verfahren werden speziell in der Gedächtnisforschung (→ *Gedächtnis*) angewendet. Hat z. B. eine Ratte ein kleines dunkles und ein großes helles Abteil zur Verfügung, so verkriecht sie sich spontan in das dunkle Loch. Erhält sie aber darin einen starken Schock, so wird sie in Zukunft das dunkle Abteil meiden. Ein ähnlicher Effekt zeigt sich, wenn ein Tier auf eine kleine Plattform gesetzt wird, von welcher es wegen der Bewegungseinschränkung sehr rasch hinuntersteigt. Erhält es aber beim ersten Hinuntersteigen einen starken Schock, so wird es in Zukunft länger auf der Plattform ausharren. Lernen in einem Lerndurchgang kann aber auch durch positive → *Verstärkung* erzielt werden. Dies zeigt etwa die Entstehung von sog. abergläubischem Verhalten (→ *Verhalten, abergläubisches*) in der → *Skinner-Box*. Schon das einmalige Zusammentreffen einer zufälligen Verhaltensweise mit einer → *Belohnung* genügt, daß dieses für die Belohnungsabgabe irrelevante Verhalten nun regelmäßig auftritt und durch die folgenden Belohnungen nur noch geringfügig abgeändert wird. Ähnliche Lerneffekte zeigen sich ferner bei der → *Verhaltensformung* durch aufeinanderfolgende Näherungsschritte, falls die Anforderungen an das zu verstärkende Verhalten nach jeder Verstärkung erhöht werden.

Lernen, instrumentelles (instrumental learning) → Konditionierung, operante

Lernen, inzidentes (incidental learning)

Beiläufiges Lernen, nebenher stattfindendes Lernen, zufälliges Lernen, Zufallslernen. Einprägen von Sachverhalten und Begleitumständen beim Bewältigen einer Aufgabe, die mit der verlangten Tätigkeit oder mit dem Verhaltensziel in keinem direkten Zusammenhang stehen. Beiläufiges Lernen spielt beim Menschen eine wichtige Rolle und ist eine Form von latentem Lernen (→ *Lernen, latentes*).

Lernen, latentes (latent learning)

Lernen, das ohne → *Motivation* und → *Verstärkung* stattfindet und auf dem Erwerb von bestimmten Reaktionshinweisen wie Zeichen oder Zeichengestalten beruhen könnte. Dabei treten keine manifesten Verhaltensänderungen auf; das Gelernte bleibt latent und wird erst unter entsprechenden Bedingungen wirksam. Werden z. B. Ratten in ein → *Labyrinth* gesetzt, das sie explorieren können, ohne jedoch dafür eine Belohnung zu erhalten, so finden sie anschließend in hungrigem Zustand die nun mit einem Köder versehene Ziel-Box schneller als solche Ratten, die mit dem Labyrinth nicht vertraut sind. Es wurde teilweise bestritten, daß Lernen ohne Verstärkung und Motivation möglich sei, weshalb man versuchte, die geschilderte Leistung durch Einfügen neuer theoretischer → *Konstrukte* (z. B. Neugiertrieb) zu erklären. In der Gedächtnisforschung dagegen ist das sog. inzidente Lernen (→ *Lernen, inzidentes*) unbestritten.

Lernen, operantes (operant learning) → Konditionierung, operante

Lernen, soziales (social learning)

Erlernen von sozialen Normen, Werten und Bräuchen. Als soziales Lernen werden im Sinne eines Oberbegriffes häufig auch all diejenigen Lernsituationen bezeichnet, in denen sich der Lernende nicht allein, sondern zusammen mit anderen Individuen befindet. Sind einer oder mehrere Beobachter zugegen, die nicht dasselbe oder überhaupt kein Verhalten zeigen, so äußert sich beim Lernenden meist ein sog. → *Zuhöreffekt* (audience effect), der z. B. bei nahrungsaufnehmenden Tieren, aber auch beim Menschen beobachtet werden kann. Praktizieren mehrere Individuen gemeinsam, so bezeichnet man dies als → *Kolernen* (colearning) oder *gemeinsames Lernen*, und den vom einen Individuum auf das andere sich bemerkbar machenden Einfluß als soziale Erleichterung. → *Modellernen* schließlich findet statt, wenn ein Beobachter zuschaut wie ein Vorbild (Modell) eine bestimmte Tätigkeit ausführt und sich dadurch bewußt oder unbewußt beeinflussen läßt.

Lernen, verbales (verbal learning)

Das Erlernen von verbalen → *Reaktionen* auf verbale → *Reize*, angefangen von einfachen Assoziationen zwischen sinnlosen Silben (→ *Paarassoziationen*) bis zu verbal dargestellten komplexen Problemen.

Lerngesetze (laws of learning)

Feststellungen über beim → *Lernen* beobachtete und experimentell überprüfte Zusammenhänge wurden häufig als sog. Lerngesetze formuliert, die den Lernprozeß erklären sollen. Sie sind aber nicht mit den sog. Naturgesetzen vergleichbar, da sie meist noch auf vorläufigen Annahmen beruhen. Sie haben vielmehr die Bedeutung eines zum Zwecke der Vereinfachung eingeführten Prinzips oder einer Regel. So handelt es sich z. B. beim → *Effektgesetz* eher um eine Definition als um ein eigentliches Gesetz.

Lernkurve (learning curve)

Graphische Darstellung der Veränderungen bzw. Verbesserungen einer Verhaltensleistung in Abhängigkeit vom Übungsaufwand. Als Einheiten für den auf der Abszisse aufgetragenen Übungsaufwand werden meist die Versuchsdurchgänge (→ *Versuch*) oder die Zeit verwendet. Als Fortschritt in der Verhaltensleistung werden auf der Ordinate z. B. die Anzahl der Erfolge bzw. Mißerfolge, die für den betreffenden Übungsaufwand benötigte Zeit oder die Anzahl richtig erinnerter Einheiten aufgetragen. Die Form der Lernkurve hängt dabei von dem auf der Ordinate verwendeten Maß ab.

Lernmaschinen (teaching machines) → Programmierter Unterricht

Lernpsychologie (learning psychology)

Aus der experimentellen Psychologie hervorgegangenes Teilgebiet der Psychologie, welches sich mit dem → *Lernen* befaßt und dieses Phänomen zu erklären versucht (→ *Lerntheorien*). Lernpsychologie und → *Sozialpsychologie* bilden die wichtigsten Grundlagen für Verhaltensmodifikation und Verhaltenstherapie.

Lerntheorien (learning theories)

Lerntheorien versuchen in der Regel nicht nur den Lernprozeß zu erklären, sondern auch den gesamten Anpassungsprozeß (→ *Anpassung*) des Organismus an seine Umwelt. Deshalb sind sie meist mehr oder weniger allgemeine *Verhaltenstheorien.*

Die klassischen Lerntheorien lassen sich in zwei Hauptgruppen einteilen, nämlich in S-R-Theorien (→ *Reiz-Reaktions-Theorie*) und in → *kognitive Lerntheorien.* Zur ersten Gruppe gehören E. L. → *Thorndikes* Lehre von den Verbindungen (→ *Assoziation,* → *Gesetz der Bereitschaft*), die klassische Konditionierungslehre von I. P. → *Pawlow,* E. R. → *Guthries* Lehre von der Konditionierung durch → *Kontiguität,* C. L. → *Hulls* systematische Theorie des Verhaltens und B. F. → *Skinners* deskriptive Lerntheorie. Zu den kognitiven Theorien zählen E. C. → *Tolmans* Theorie des zweckorientierten Verhaltens (→ *Verhalten, zielorientiertes*), die Gestaltpsychologie (z. B. W. → *Köhler*) und die Feldtheorie von K. Lewin. Eine ganze Reihe von Theorien können aber nicht eindeutig in dieses Schema eingeordnet werden, wie etwa der lerntheoretische → *Funktionalismus,* die Psychodynamik (z. B. → *Zwei-Faktoren-Theorie des Lernens* von O. H. → *Mowrer*) oder die probabilistischen Lernmodelle (z. B. W. K. → *Estes*). Während die Reiz-Reaktions-Theorien »periphere« Mechanismen zur Erklärung der Integration von Verhaltensabfolgen heranziehen (z. B. J. B. → *Watson* betrachtet Denken als die Ausführung subvokaler Sprechbewegungen), spielen bei den kognitiven Theorien »zentrale« → *Konstrukte* wie Erwartung oder Einsicht eine entscheidende Rolle. Lernt der Organismus nach Ansicht der S-R-Theoretiker Reaktionen, so erwirbt er sich in der Optik der kognitiven Theorien kognitive Strukturen. Die Unzulänglichkeiten der klassischen Lern- und Verhaltenstheorien haben zu einem gewissen Desinteresse an umfassenden theoretischen Systemen geführt. Heute werden eher umschriebene Problemkreise (z. B. → *Modellernen*) und spezifische experimentelle Situationen einer empirischen und theoretischen Analyse unterzogen. Die Ansätze werden dabei vermehrt formalisiert, sei es in Form probabilistischer Lernmodelle oder als Versuche der Computer-Simulation von Lernprozessen.

Die Zurückhaltung gegenüber ausgreifenden theoretischen Entwürfen ist auch auf die große Bedeutung von B. F. → *Skinner* und seiner Schule zurückzuführen. Dieses System kommt ohne intervenierende → *Variablen* und andere hypothetische Größen aus und verzichtet auf die Erklärung der beobachteten Abhängigkeiten. Im Vordergrund stehen die experimentelle Analyse des Verhaltens und seine Kontrolle (→ *Verhaltenskontrolle*). Welchen Einfluß die Fortschritte in der angewandten Lernforschung, etwa in Zusammenhang mit Verhaltensmodifikation und Verhaltenstherapie, auf die weitere Entwicklung der Lerntheorien haben werden, ist noch nicht abzusehen.

Löschung (extinction)

Abschwächung, Extinktion. Bezeichnung für die Tatsache, daß eine gelernte Fähigkeit oder → *Reaktion* bei mangelnder → *Verstärkung* abgeschwächt wird und schließlich ganz verschwindet. Bei der operanten Konditionierung (→ *Konditionierung, operante*) bezeichnet man als Löschung sowohl das Verfahren, die bisher verstärkte Wirkreaktion (→ *Operant*) nicht mehr weiter zu verstärken, als auch das dadurch bedingte Absinken der → *Reaktionsrate*. Bei der klassischen Konditionierung (→ *Konditionierung, klassische*) wird der Begriff analog für das Darbieten des konditionellen Reizes (CS) ohne den unkonditionellen Reiz (UCS) bzw. für das dadurch bewirkte Schwächerwerden der konditionierten Reaktion (CR) verwendet.

Löschungsresistenz (resistance to extinction)

Maß für den Aufwand, der zur → *Löschung* einer bestimmten → *Reaktion* erforderlich ist. Bei der operanten Konditionierung (→ *Konditionierung, operante*) entweder die Anzahl der unverstärkt auftretenden Reaktionen oder der Zeitabstand vom Beginn einer Löschungsprozedur bis zu dem Zeitpunkt, in dem die Reaktionsrate auf ein bestimmtes Kriterium abgesunken ist bzw. die Nullinie erreicht hat. Bei der klassischen Konditionierung (→ *Konditionierung, klassische*) die Anzahl unverstärkter Darbietungen des konditionellen Reizes (CS), die erforderlich sind, um ein bestimmtes Löschungskriterium zu erreichen. Dieses wird meist in bezug auf die → *Latenz* und/oder Größe der konditionierten Reaktion (CR) formuliert.

Manipulandum (manipulandum, key, lever)

Hebel, Taste oder Pickscheibchen in einer → *Skinner-Box*, die betätigt werden müssen, um eine → *Verstärkung* (z. B. Futterbelohnung) herbeizuführen (→ *Konditionierung, operante*).

Massierte Übung (massed practise) → Übung

Mehrfachwahl (multiple choice)

Ein Test oder Versuch, der verschiedene Wahlmöglichkeiten anbietet, von denen aber nur eine richtig ist und z. B. zu einer Belohnung führt. Bei einem Diskriminationsexperiment (→ *Diskrimination*) wird die richtige Wahlmöglichkeit meist durch einen spezifischen Hinweisreiz (→ *Reiz, diskriminativer*) angezeigt, der erlernt werden muß.

Mentales Training (mental training) → kognitive Übung

Miller, Neal Elgar

* 3. 8. 1903 in Milwaukee (Wisconsin). Psychologiestudium an der Stanford- und Yale-University. 1936–1966 Forschungsassistent und dann Professor für Psychologie an der Yale University, seit 1966 Professor an der Rockefeller University in New York.

Arbeitsgebiet: Lernen, Motivation, Konfliktverhalten und psychophysiologische Mechanismen. Entwickelte Lerntheorien, z. B. mit J. → *Dollard*, zeigte, daß Furcht (→ *Angst*) motivieren kann und deren Reduzierung verstärkend wirkt. Konnte nachweisen, daß sich auch autonome Körperfunktionen operant konditionieren lassen (→ *Biofeedback*).

W. Werke: *Frustration and Aggression*, New Haven 1939, ^{13}1964 (mit J. → *Dollard*, N. E. Doob and L. W. Mowrer), dt. *Frustration und Aggression*, 1969; *Social Learning and Imitation*, New Haven, 1941, ^{8}1964 (mit J. Dollard), *Personality and Psychotherapy*, New York, 1950 (mit J. Dollard); *Neal E. Miller: Selected Papers*, Chicago 1971.

Mischplan (mixed schedule) → Verstärkungsplan

Mneme (mneme)

Fundamentales Prinzip, dem man die Fähigkeit zuschreibt, als »Gedächtnis« sowohl erworbene als auch vererbte Eigenschaften zu speichern.

Mnemotechnik (mnemotechnics)

Lernhilfen oder Maßnahmen, welche die Gedächtnisbildung erleichtern und ein dauerhaftes Einprägen von Gedächtnisinhalten ermöglichen.

Modell (model) → Modellernen

Modellernen (modeling)

Beobachtungslernen, Imitationslernen, passives Lernen, Modelltraining, soziales Lernen (→ *Lernen, soziales*), stellvertretendes Lernen. Von A. → *Bandura* eingeführte Bezeichnung für einen kognitiven Lernprozeß (→ *Kognition*), der vorliegt, wenn ein Individuum als Folge der Beobachtung des Verhaltens anderer Individuen sowie der darauffolgenden Konsequenzen sich neue Verhaltensweisen aneignet oder schon bestehende Verhaltensmuster weitgehend verändert. Der Lernende wird dabei *Beobachter* (observer) genannt, der Beobachtete *Modell* (model) oder Leitbild. Wichtig für diesen Lernprozeß, der nur unter bestimmten Voraussetzungen (z. B. weitgehende Identifikation des Beobachters mit dem Modell) stattfindet, ist die stellvertretende Verstärkung (→ *Verstärkung, stellvertretende*).

Morgan, Conwy Lloyd

* 6. 2. 1852 in London, † 6. 3. 1936 in Hastings. Studierte am Royal College of Science. Ab 1884 Professor für Geologie und Zoologie am University College in Bristol. Pionier der Tierpsychologie und Verhaltensforschung. Formulierte den Grundsatz, man solle Verhaltensabläufe nicht höheren psychischen Funktionen zuschreiben, wenn sie durch niedrigere erklärbar sind (Morgan's Canon).
W. Werke: *Animal Intelligence*, 1890; *Habit and Instinct*, 1892; *The Law of Psychogenesis*, 1892; *Introduction to Comparative Behaviour*, 1900; *Instinct and Experience*, 1912; *Emergent Evolution*, 1923.

Motivation (motivation)

Hypothetisches → *Konstrukt* zur Erklärung von Verhalten. Umfaßt alle nicht unmittelbar aus äußeren → *Reizen* ableitbaren → *Variablen*, die das Verhalten bezüglich Intensität und Richtung beeinflussen oder kontrollieren. Dazu gehören die teils bewußten, teils unbewußten Vorgänge, die mit den Begriffen Antrieb, → *Bedürfnis*, Drang, Gefühl, Interesse, Motiv, → *Trieb*, Wille, usw. bezeichnet werden (J. B. → *Watson* sprach von »innerer Umwelt«).

Mowrer, Orval Hobart

* 23. 1. 1907. Psychologiestudium an der Johns Hopkins University. Professor an verschiedenen amerikanischen Universitäten, seit 1947 an der University of Illinois. Untersuchte zunächst visuelle und vestibuläre Funktionen unter spezieller Berücksichtigung der räumlichen Orientierung und der Reflex-Habituation, führte dann lerntheoretische Grundlagenuntersuchungen mit Labortieren durch und arbeitete schließlich über Störungen bei zwischenmenschlichen Beziehungen sowie ihre Behandlung in kleinen Gruppen. Wurde vor allem bekannt durch seine → *Zwei-Faktoren-Theorie* des Lernens.
W. Werke: *Frustration and Aggression*, 1939 (et al.); *Learning Theory and Personality Dynamics*, 1950; *Psychotherapy Theory and Research*, 1953; *Learning Theory and Behavior*, 1960; *Learning Theory and the Symbolic Processes*, 1960; *The Crisis in Psychiatry and Religion*, 1961; *The New Group Therapy*, 1964; *Morality and Mental Health*, 1967.

Müller, Georg Elias

* 20. 7. 1850 in Grimma, † 23. 12. 1934 in Göttingen. Studierte Geschichte und Philosophie in Leipzig und Göttingen. 1881–1921 Professor für Philosophie in Göttingen. Gilt als Mitbegründer der experimentellen Psychologie. Führte grundlegende Untersuchungen zur Psychophysik, Sinnesphysiologie und Gedächtnistätigkeit durch.
W. Werke: *Zur Grundlegung der Psychophysik*, 1878; *Exp. Beiträge zur Untersuchung des Gedächtnisses* (mit Schumann), 1893; *Die Gesichtspunkte und Tatsachen der psychophysischen Methodik*, 1903; *Zur Analyse der Gedächtnistätigkeit und des*

Vorstellungsverlaufes, 1924; *Komplextheorie und Gestalttheorie*, 1923; *Abriß der Psychologie*, 1924; *Beiträge zur Psychophysik der Farbempfindungen*, 1934.

Multipler Plan (multiple schedule) → Verstärkungsplan

Münzökonomie (token economy) → Token

Münzverstärkungssystem (token system) → Token

Muster (pattern) → Pattern

Nachahmung (imitation) → Imitation

negative Bestrafung (negative punishment) → Strafe

negative Übung (negative practice) → Übung, negative

negative Verstärkung (negative reinforcement) → Verstärkung

negativer Transfer (negative transfer) → Transfer

Neobehaviorismus (neobehaviorism) → Behaviorismus

Neugierde (curiosity)

Klasse von Verhaltensweisen, die auf einen angeborenen → *Trieb* zur Exploration und zur Informationsoptimierung (»Reizhunger«) zurückgeführt werden. Deprivationsexperimente haben erwiesen, daß psychische Störungen entstehen, wenn das Nervensystem nicht genügend stimuliert wird.

Norm, soziale (social norm, social standard)

Besteht aus Einstellungen, Wertungen und Verhaltensstandards, die sich in einer Gruppe oder einem Gesellschaftssystem herausgebildet haben und über die Konformität herrscht. Mehr oder weniger starke Abweichungen von der Norm gelten als abnorm oder abweichend (→ *Verhalten, abweichendes*), wobei zwischen dem Normalen und Abnormalen ein fließender Übergang besteht.

Notterman, Joseph Melvin

* 14. 1. 1923 in New York (USA). Psychologiestudium an der Columbia University. Seit 1956 Professor an der Princeton University.
Arbeitsgebiet: Lerntheorien, Psychophysik und Feedback Modelle des Verhaltens.
W. Werke: *Dynamics of Response*, New York 1965; *Behavior: A Systematic Approach*, New York 1970.

Objektive Psychologie (objective psychology)

Sammelbegriff für psychologische Forschungsansätze, die nur die direkte Beobachtung als wissenschaftliche Methode zulassen. Das psychische Geschehen wird ausschließlich mit Hilfe objektiv feststellbarer Phänomene erklärt, während die Methode der → *Introspektion* abgelehnt wird. Hauptrichtungen sind der von J. B. → *Watson* in den USA begründete → *Behaviorismus*, I. P. → *Pawlows* Lehre von der → *Höheren Nerventätigkeit* und V. → *Bechterews* objektive Psychologie sowie die heutigen → *Verhaltenswissenschaften* und die → *physiologische Psychologie*.

Offenes Verhalten (overt behavior) → Verhalten, offenes

Olds, James

* 30. 5. 1922 in Chicago, Illinois (USA). Psychologiestudium an der Harvard University. 1957–1969 Professor an der University of Michigan, seit 1969 am California Institute of Technology in Pasadena, Californien.
Arbeitsgebiet: Neurophysiologie, Verhalten und Lernen. Wurde bekannt durch seine Versuche über → *Selbstreizung* bei der Ratte.
W. Werke: »Pleasures centers in the brain«, in: *Scientific American*, 1956; »Hypothalamic substrates of reward«, in: *Physiological Reviews*, 1962, 42, 554–604; »The central nervous system and the reinforcement of behavior«, in: *American Psychologist*, 1969, 24, 114–132.

Operant (operant)

Wirkreaktion. Klasse von Reaktionen, die durch ihre Konsequenzen, nämlich → *Verstärkung* nach sich zu ziehen, bestimmt sind und auf die Umwelt einwirken bzw. beobachtbare und genau definierbare Eigenschaften aufweisen. Ein Operant, z. B. das Niederdrücken eines Hebels (→ *Manipulandum*) bis ein Kontakt geschlossen ist, bildet eine Einheit von operantem Verhalten (→ *Verhalten, operantes*), das konditioniert werden kann (→ *Konditionierung, operante*). Im Prinzip kann jede → *Reaktion* als Operant betrachtet werden.

Operant, diskriminierter (discriminated operant)

Diskrete Wirkreaktion, unterscheidende Wirkreaktion, unterscheidender Operant. Durch einen Hinweisreiz (→ *Reiz, diskriminativer*) auslösbarer, aber nicht mit ihm im Sinne eines → *Reflexes* in funktionalem Zusammenhang stehender Operant. Er wurde ursprünglich von B. F. → *Skinner* als *Pseudo-Reflex* bezeichnet. Ein diskriminierter Operant tritt nur in Gegenwart des betreffenden Umweltsignals auf und wird nicht jederzeit oder bei jeder Gelegenheit wahllos emittiert.

Operante Konditionierung (operant conditioning) → Konditionierung, operante

Operantes Verhalten (operant behavior) → Verhalten, operantes

Operationalismus (operationalism, operationism)

Von dem Physiker P. W. Bridgman um 1927 aufgestellte Doktrin, die verlangt, wissenschaftlich verwendete Begriffe und wissenschaftlich erfaßte Sachverhalte sowie alle Beziehungen zwischen Begriffen und Theorien seien so zu definieren, daß die Verfahren bzw. die *Operationen,* mit denen die betreffenden Vorgänge oder Zustände untersucht wurden, in der Definition hinreichend genau beschrieben sind. Auf diese Weise sollen Unklarheiten und Mehrdeutigkeiten der Wissenschaftssprache sowie dadurch bedingte unfruchtbare Kontroversen ausgeschaltet werden. Diese Doktrin gewann während der dreißiger Jahre in der nordamerikanischen Philosophie und Psychologie rasch an Bedeutung. Sie prägt die moderne Psychologie und spiegelt sich z. B. auch in der von B. F. → *Skinner* eingeführten Terminologie für die operante Konditionierung (→ *Konditionierung, operante*). Der ursprünglich rigoros formulierte operationalistische

Standpunkt wurde allerdings bald weitgehend relativiert und pragmatisiert. Die Hauptschwierigkeiten verursachen die Abstraktion und der Übergang von Beobachtungssprache zu theoretischer Sprache (Metasprache). Entsprechende Diskussionen sind deshalb nach wie vor aktuell.

Orientierungsreaktion (orienting response, orienting reaction)

Orientierungsreflex, Untersuchungsreaktion. In der Schule von I. P. → *Pawlow* die unkonditionierte, relativ unspezifische Hinwendungsreaktion des Organismus auf einen für ihn neuartigen → *Reiz* mit dem Zweck, veränderte Umweltsituationen schnell und adäquat zu erfassen, um sofort darauf angepaßt reagieren zu können. Als wichtigste Komponenten dieser allgemeinen Reaktion treten in Erscheinung: Veränderungen in den Sinnesorganen als Herabsetzung der Empfindungsschwelle (vgl. → *Adaptation*), motorische Zuwendungsreaktionen durch die Skelettmuskulatur in Richtung auf den neuartigen oder veränderten Reiz, allgemeine Veränderung des Muskeltonus, Veränderung der zentralnervösen Aktivität (z. B. die Desynchronisierung im Elektroencephalogramm), vegetative Veränderungen (z. B. der Vasomotorik) sowie Veränderungen des galvanischen Hautwiderstandes. Die wichtigsten Funktionen der Orientierungsreaktion sind die Erhöhung der Empfindlichkeit der Sinnesorgane, das optimale Erfassen von Reizqualität und -intensität durch Zuwendung, die Spannung der Muskulatur als Bereitschaft zum Einleiten von Bewegungen oder Handlungen, die Verkürzung der Reaktionszeit, die Erhöhung der Blutzufuhr ins Gehirn und die Erhöhung der Sensibilität der Haut.

Paarassoziationen (paired associates)

Von H. → *Ebbinghaus* für Lernexperimente eingeführtes Verfahren, bei dem die Versuchsperson Paare von Wörtern oder sinnlosen Silben auswendig lernen muß. Nach Einüben der Kombinationen wird das jeweils erste Glied der Paare dargeboten, und die Testperson soll das dazugehörige nennen oder aufschreiben (vgl. → *Assoziation, vermittelnde*).

Paarvergleich (paired comparison)

In der → *Psychophysik* und → *Sozialpsychologie* zur Schwellenbestimmung bzw. Skalierung verwendete Methode. Von den zu prüfenden → *Reizen* oder Gegenständen wird jeder mit jedem gepaart. Die Versuchsperson muß bei jedem vorgelegten Paar beurteilen, welches Glied eines Paares jeweils eine bestimmte Eigenschaft wie Größe oder → *Anreiz* in stärkerem Maße aufweist als der Vergleichsreiz oder Vergleichsgegenstand. Die Methode des Paarvergleichs wird auch zur Skalierung von Einstellungen angewendet.

Paradigma (paradigm)

Ein Musterbeispiel oder Modell, das alle vorkommenden Funktionen oder Formen des zu beschreibenden Phänomens aufzeigt.

Partialverstärkungs-Effekt (partial reinforcement effect, PRE)

Humphreys Effekt, Humphreys Paradoxon. Bezeichnung für die Tatsache, daß die → *Löschungsresistenz* gelernter Reiz-Reaktions-Verbindungen nach partieller, d. h. gelegentlicher Verstärkung größer ist als nach regelmäßiger Verstärkung jeder einzelnen Reaktion. Dieser paradox anmutende Befund wird damit erklärt, daß → *Immerverstärkung* leichter als Partialverstärkung von der Löschungssituation zu unterscheiden ist, da bei letzterer zwischen den einzelnen Verstärkungen jeweils vorübergehende Löschungsperioden eingebaut sind.

Partielle Verstärkung (partial reinforcement) → Verstärkung, partielle

Passives Lernen (passive learning) → Modellernen

Pattern (pattern)

Muster. Aus dem Englischen übernommene Bezeichnung für eine aus mehr oder weniger deutlich unterscheidbaren Teilen zusammengesetzte funktionale Einheit. Der Begriff wird meist deskriptiv verwendet und durch zusätzliche Begriffe wie Verhaltenspattern (→ *Verhaltensmuster*), Erregungspattern oder Patterndiskrimination spezifiziert.

Pawlow, Iwan Petrowitsch

* 14. 9. 1849 in Rjasan (Rußland), † 27. 2. 1936 in Leningrad. Naturwissenschaftliches Studium an der Universität Petersburg und anschließend Studium in Medizin an der dortigen Medizinisch-Chirurgischen Akademie. Studienaufenthalte in den Laboratorien von R. Heidenhain in Breslau und C. F. Ludwig in Leipzig. 1890 Professor für Physiologie an der Militär-Medizinischen Akademie und ein Jahr später Leiter der Physiologischen Abteilung des neugegründeten Instituts für Experimentelle Medizin in Petersburg. 1904 Nobelpreis für seine Arbeiten über die Tätigkeit der Verdauungsdrüsen. Für diese Untersuchungen hatte Pawlow chirurgische Methoden entwickelt, um chronische Fisteln anzubringen, mit denen er den sezernierten Speichel nach außen leitete. Dabei entdeckte er, daß Speichelsekretion nicht erst beim Essen erfolgt, sondern bereits bei vorangehenden Hinweisreizen, wie z. B. auf das Ticken des in der betreffenden Versuchsanordnung verwendeten Metronoms. Mit der Entdeckung dieses bedingten Reflexes (→ *Konditionierung, klassische*) löste er die behavioristische Bewegung und die Entwicklung der modernen Lernforschung aus. Die von Pawlow erarbeiteten Erkenntnisse über die bedingten Reflexe ergaben ein Modell zur Erklärung des gesamten Verhaltens. Er prägte damit nicht nur die weitere Entwicklung der Psychologie, sondern eröffnete auch neue Möglichkeiten zur Erforschung der Gehirnfunktionen.
W. Werke: *Vorlesungen über die Arbeit der Verdauungsdrüsen*, 1897; *Zwanzigjährige Erfahrung eines objektiven Studiums der höheren nervösen Tätigkeit (des Verhaltens) der Tiere*, 1923; *Vorlesungen über die Arbeit der Hemisphären des Großhirns*, 1927; *Gesammelte Werke*, Moskau-Leningrad 1951; Berlin 1953–55. *Die bedingten Reflexe. Eine Auswahl aus dem Gesamtwerk*, München 1972; *Auseinandersetzung mit der Psychologie*, München 1973.
Lit.: Alexander Mette, *I. P. Pawlow, Sein Leben und sein Werk*, Berlin 1959.

Performanz (performance) → Leistung

Phobie (phobia) → Angst

Physiologische Psychologie (physiological psychology)

Psychologische Forschungsrichtung, welche die physiologischen und biologischen Grundlagen des Verhaltens und Erlebens experimentell untersucht. Im Vordergrund stehen Nervensystem, endokrines System und neurologische Prozesse. Dabei geht es nicht um die Reduktion des psychischen Geschehens auf physiologische Prozesse (Physiologismus). Kennzeichnend ist vielmehr die psychologisch-physiologische Doppelbetrachtung und die Suche nach Korrelation und Zusammenhängen zwischen psychischen und physiologischen Funktionen. Dieses umfassende Gebiet besteht aus verschiedenen Teilrichtungen, die sich aber häufig mehr dem Namen nach oder durch Limitierung auf einen bestimmten Teilaspekt voneinander unterscheiden. Die Begriffe wie physiologische Psychologie, Psychophysiologie, Neuropsychologie, Verhaltensbiologie, Verhaltensphysiologie usw. lassen sich deshalb nicht eindeutig voneinander unterscheiden und werden häufig synonym verwendet.

Pickenhain, Lothar

* 29. 12. 1920 in Leipzig. Studierte Medizin in Leipzig, Berlin, Breslau und Jena. Berufliche Tätigkeit in Berlin, Magdeburg und Leipzig. Seit 1969 Professor an der Deutschen Hochschule für Körperkultur in Leipzig.
Arbeitsgebiet: Neurophysiologische Grundlagen und Mechanismen der höheren Nerventätigkeit des Menschen, Beziehung sozialer und biologischer Faktoren, Psychopharmakologie, Steuerung und Regelung der Motorik.
W. Werke: *Grundriß der Physiologie der höheren Nerventätigkeit*, Berlin 1959; *Beiträge zu einer allgemeinen Theorie der Psychiatrie*, Jena 1968 (Hrsg. mit A. Thom); *Hirnmechanismen und Verhalten. Abhandlungen aus dem Gebiet der Hirnforschung und Verhaltensphysiologie*, Bd. 2, Jena 1968 (mit F. Klingberg); »Das Verhalten«, in: H. Matthies und D. Biesold (Hrsg.) *Neurobiologie*, Jena 1976; Hrsg. der deutschen Ausgabe von *I. P. Pawlows »Sämtlichen Werken«*, der *Abhandlungen aus dem Gebiet der Hirnforschung und Verhaltensphysiologie* (Jena) und der *Sportmedizinischen Schriftenreihe* (Leipzig).

Positive Verstärkung (positive reinforcement) → Verstärkung, positive

Positiver Transfer (positive transfer) → Transfer

Premack, David

* 26. 10. 1925 in Aberdeen (South Dakota). Studium der experimentellen Psychologie, Statistik und Philosophie an der University of Minnesota. Professor an verschiedenen amerikanischen Universitäten, seit 1975 an der University of Pennsylvania in Philadelphia. Wurde vor allem durch das von ihm formulierte Premack-Prinzip (→ *Kontingenz-Management*) bekannt.
Arbeitsgebiet: Kognition, verbales Verhalten, Sprache und Intelligenz.
W. Werke: »Reinforcement theory«, in: D. Levine (Hrsg.) *Nebraska Symposium on Motivation*, Lincoln/Nebraska 1965; »Mechanisms of self-control«, in: W. Hunt (Hrsg.) *Learning Mechanisms in Smoking*, Chicago 1971; *Intelligence in Ape and Man*, New York 1975.

Premack-Prinzip (Premack's principle) → Kontingenz-Management

Primäre Verstärkung (primary reinforcement) → Verstärkung, primäre

Proaktive Hemmung (proactive inhibition) → Hemmung, proaktive

Probierverhalten (trial and error learning) → Lernen durch Versuch und Irrtum

Problemkäfig (problem box, puzzle-box)

Eine von E. L. → *Thorndike* eingeführte Versuchsanordnung zum Untersuchen von Lernvorgängen bei Tieren. Das Tier wird in einen Käfig gesperrt, den es öffnen muß, um zu einer → *Belohnung* zu gelangen. Das Öffnen des Käfigs verlangt bestimmte Manipulationen an den Verschlüssen bzw. an den darin angebrachten Vorrichtungen wie Hebeln oder Pedalen (siehe Abbildung). Eine Weiterentwicklung des Problemkäfigs stellt die sog. → *Skinner-Box* dar.

Problemkäfig von E. L. Thorndike: Um das Futter zu erlangen, muß die Katze die Türverriegelungen entfernen.

Problemverhalten (problematic behavior)

Bezeichnung für unerwünschtes Verhalten, das man z. B. durch eine verhaltenstherapeutische Prozedur zu verändern versucht. Es unterscheidet sich nicht allzu sehr von der sozialen Norm (→ *Norm, soziale*), ist aber unter bestimmten Bedingungen unangebracht (vgl. → *Anpassung*) und bereitet deshalb dem betreffenden Individuum Schwierigkeiten. Verhalten, das relativ stark von den sozialen Normen abweicht, wird dagegen eher als abweichendes Verhalten (→ *Verhalten, abweichendes*) bezeichnet.

Procoverant (procoverant) → Kontingenz-Management

Programm, lineares (linear program) → Programmierter Unterricht

Programm, verzweigtes (branched program, branching) → Programmierter Unterricht

Programmierter Unterricht (programmed instruction)

Auf B. F. → *Skinner* zurückgehende Lehrmethode, die den Lernstoff in kleine, aufeinander aufbauende Einzelschritte (→ *Items*, meist Informationen mit anschließender Frage) unterteilt und sie in einer programmierten Reihenfolge darbietet. Dabei kann der Lernende die Darbietungsdauer und die Folgegeschwindigkeit der Einzelschritte selber bestimmten und die Richtigkeit seiner Antwort unmittelbar nach jedem Lernschritt überprüfen. Das Programm wird meist durch sog. Lehr- bzw. Lernmaschinen (teaching machines) dargeboten. Daneben gibt es aber auch in programmierter Form geschriebene Lehrbücher. Je nach Art der für die einzelnen Lernschritte vorgeschriebenen Darbietungssequenz unterscheidet man *lineare* und *verzweigte Programme*. Beim linearen Programm wird nach einer falschen Antwort der betreffende Lernschritt automatisch wiederholt, bis die richtige Antwort gewählt wird. Beim verzweigten Programm (S. L. Pressey) dagegen wird einerseits nach einem Fehler der betreffende Lernstoff in neuer und ausführlicherer Form dargeboten, andererseits werden Zwischenschritte übersprungen, wenn die Lernleistung hoch ist. Verzweigte Programme passen sich den individuellen Fähigkeiten und Voraussetzungen des einzelnen Schülers weit besser an als lineare Programme, und sie können durch Computerdarbietung, sog. Computer-Assisted (oder Aided) Instruction (CAI), äußerst flexibel und wirkungsvoll gestaltet werden.

Progressive Entspannung (progressive relaxation)

Von E. Jacobson entwickeltes Entspannungstraining (→ *Entspannungsmethoden*). Die betreffende Person lernt dabei, zunächst die am einfachsten zu kontrollierenden Muskeln zu entspannen, dann einzelne Muskelgruppen, bis sie schließlich dazu gelangt, den ganzen Körper zu entspannen. Die Methode weist gewisse Ähnlichkeiten mit dem → *autogenen Training* auf und wird z. B. bei Prozeduren zur systematischen → *Desensibilisierung* eingesetzt.

Protektive Hemmung (protective inhibition) → Hemmung, protektive

Pseudokonditionierung (pseudo conditioning)

Auslösung einer Reaktion durch einen ursprünglich neutralen Reiz, wenn dieser Reiz nach einer Serie von konditionellen Reizen dargeboten wird.

Pseudo-Reflex (pseudo-reflex) → Operant, diskriminierter

Psychoanalyse (psychoanalysis)

Tiefenpsychologisches Verfahren. Von S. Freud und seinen Schülern begründetes System zum Erklären des psychischen Geschehens und eine daraus abgeleitete Behandlungsmethode für psychische Störungen. Die psychoanalytische Theorie nimmt an, alle psychischen Vorgänge seien durch andere im Sinne eines Kausalzusammenhanges determiniert. Nach dieser Theorie sind die Ursachen von psychischen Störungen meist unbewußte Inhalte wie z. B. verdrängte Konfliktstoffe, die aus dem Verhalten bzw. aus Deutungen von Trauminhalten des Patienten sowie von seinen verbalen Äußerungen erschlossen werden. Die Behandlung besteht meist aus dem Bewußtmachen dieser verdrängten Inhalte unter mehr oder weniger starker Führung durch den Psychoanalytiker. Die verschiedenen tiefenpsychologischen Schulen (Freuds Psychoanalyse, Adlers Individualpsychologie, Jungs analytische oder komplexe Psychologie u. a.) unterscheiden sich in Theorie und Praxis teilweise recht erheblich voneinander.

Psychodrama (psychodrama) → Gruppentherapie

Psychotherapie (psychotherapy)

Sammelbezeichnung für Theorie und Praxis psychologischer Behandlungsverfahren von Neurosen und anderen Verhaltensstörungen, aber auch Verfahren zur Heilung bzw. Linderung von psychisch bedingten körperlichen Leiden, d. h. sog. psychosomatischen (→ *Psychosomatik*) Störungen. Zur Psychotherapie zählen die verschiedensten Methoden psychischer Einflußnahme wie z. B. → *Hypnose*, → *Suggestion*, Persuasion, Gruppenpsychotherapie (→ *Gruppentherapie*), Logotherapie, → *Beschäftigungstherapie*, → *Analytische Psychologie*, → *Individualpsychologie*, → *Gesprächspsychotherapie* oder → *Verhaltenstherapie* und nicht, wie oft fälschlicherweise angenommen, nur die →

Psychoanalyse. Wenn die theoretischen Grundlagen der einzelnen Methoden auch recht verschieden sind, so werden sie in der Praxis doch oft miteinander kombiniert.

Psychophysik (psychophysics)

Teilgebiet der experimentellen Psychologie, welches die Beziehungen zwischen der Stärke von → *Reizen* bzw. ihrer Intensitätsunterschiede und den entsprechenden sensorischen Erfahrungen oder Empfindungen untersucht.

Psychophysiologie (psychophysiology) → physiologische Psychologie

Psychosomatik (psychosomatics)

Medizinisch-psychologisches Arbeits- und Forschungsgebiet, das sich mit den Beziehungen zwischen körperlichen und psychischen Erscheinungen befaßt. Von Bedeutung sind insbesondere die vegetativen → *Reaktionen* auf psychische Belastung, wie sie etwa unter → *Streß* auftreten.

Rachman, Stanley

* 19. 1. 1934 in Johannesburg (Südafrika). Psychologiestudium an der Universität Witwatersrand in Johannesburg und an der University of London. Zur Zeit Dozent und Leiter der klinischen Sektion am Institut für Psychiatrie der University of London.
Arbeitsgebiet: Verhaltenstherapie. Entwickelte mit H. J. → *Eysenck* die → *Dreiphasentheorie der Neurosenentstehung.*
W. Werke: *The Causes and Cures of Neuroses*, London 1965 (mit H. J. Eysenck), dt. *Neurosen – Ursachen und Heilmethoden*, Berlin 1967; *Phobias: Their Nature and Control*, Springfield 1968; *Aversion Therapy and Behavior Disorders*, London 1969 (mit J. Teasdale); *Verhaltenstherapie bei Phobien*, München 1969, 1975 (mit J. → *Bergold*); *The Meanings of Fear*, 1974; *Psychology and Medicine*, London 1975 (mit C. Philips), dt. *Angst. Formen, Ursachen und Therapie*, München 1975.

Ranschburgsches Phänomen (Ranschburg's phenomenon) → Hemmung, retroaktive

Reafferenzprinzip (reafference principle)

Durch E. von Holst und H. Mittelstaedt erarbeitetes und experimentell begründetes Regelkreismodell (→ *Feedback*), das u. a. das Raumorientierungsverhalten des Organismus erklären soll (→ *Orientierungsreaktion*). Reafferenzen sind durch Eigenbewegungen des Organismus verursachte Rezeptorerregungen (→ *Rezeptor*), also eine spezielle Form von Feedback. Diese werden als Kontrollwerte ins Gehirn zurückgeleitet und dort den Efferenzwerten (→ *Efferenz*) im Sinne eines Ist-Soll-Vergleichs gegenübergestellt, wobei sie im Falle eines Ungleichgewichts (Differenz zwischen Ist- und Sollwert) die entsprechenden Korrekturen einleiten.

Reaktion (reaction, response, R)

Antwort, Reizantwort. Allgemeine und umfassende Bezeichnung für eine Klasse von Verhaltensänderungen bzw. Zustandsänderungen eines Organismus in Abhängigkeit eines äußeren oder inneren → *Reizes*. Der Begriff wird sowohl für physiologische (z. B. Reizantwort der Nervenzelle, motorische und endokrine Veränderungen, Reflexe) als auch für psychische Vorgänge (z. B. komplexe Bewegungsabläufe, Handlungen, emotionale und verbale Vorgänge) verwendet und muß deshalb zur näheren inhaltlichen Kennzeichnung jeweils näher spezifiziert werden.

Reaktion, operante (operant reaction) → Operant

Reaktion, verzögerte (delayed response)

Aufgeschobene Reaktion, nachträgliche Reaktion. Eine Reaktion, die dem auslösenden Reiz nicht unmittelbar folgt, sondern erst einige Zeit danach. Verzögerte Reaktionen können durch geeignete Versuchsanordnungen, die eine sofortige Reaktion verhindern (vgl. → *Auszeit*), erzeugt werden und eignen sich u. a. zum Prüfen des Kurzzeitgedächtnisses (→ *Gedächtnis*). So kann z. B. vor den Augen eines Versuchstieres unter einem von mehreren Gegenständen Futter versteckt werden, wobei das Versuchstier zunächst durch ein Gitter oder eine Glasscheibe daran gehindert wird, das Futter zu ergreifen.

Reaktionsdifferenzierung (response differentiation)

Antwortdifferenzierung. Verfahren bei der operanten Konditionierung (→ *Konditionierung, operante*), bei dem gemäß einem → *Verstärkungsplan* nur noch ganz bestimmte Reaktionen, z. B. jeder 10. Hebeldruck, verstärkt werden. Der Organismus paßt sich dann der vorgegebenen Verstärkungsstrategie an und optimiert sein Verhalten. Die Reaktionsdifferenzierung wirkt der → *Reaktionsgeneralisierung* entgegen.

Reaktionsgeneralisierung (response generalization, reaction generalization)

Antwortgeneralisierung. Wird durch → *Konditionierung* auf einen ganz bestimmten Reiz hin eine Reaktion gelernt, so können beim späteren Darbieten dieses Reizes auch andere ähnliche Reaktionen auftreten. Wie bei der Reizgeneralisierung besteht auch hier eine Beziehung zwischen Ähnlichkeit der Reaktionen und ihrer Auftretenshäufigkeit bzw. ihrer Intensität, die sich durch einen → *Generalisationsgradienten* beschreiben läßt. Durch → *Reaktionsdifferenzierung* kann der Reaktionsgeneralisierung entgegengewirkt werden.

Reaktionshäufigkeit (frequency of responding) → Reaktionsrate

Reaktionsmuster (response pattern)

Reaktionspattern. Qualitative und quantitative Gesamtheit von Einzelreaktionen, die z. B. als Teile einer komplexen Reaktion auftreten und zusammen eine funktionale Einheit bilden (vgl. → *Reizmuster*).

Reaktionspotential (excitatory potential, $_SE_R$)

Intervenierende → *Variable* im System von C. L. → *Hull*, welche die kombinierte Wirkung von → *Trieb* (D) und → *Gewohnheitsstärke* ($_SH_R$) einer bestimmten Reaktion ausdrückt: $_SE_R = D \cdot {}_SH_R$.

Reaktionsrate (response rate)

Reaktionshäufigkeit. Häufigkeit, mit der eine bestimmte Reaktion (z. B. → *Wirkreaktion* bei der operanten Konditionierung) pro Zeiteinheit auftritt. Die Anzahl der Reaktionen wird dabei meist kumulativ über die Zeitachse aufgetragen (→ *Kumulativaufzeichnung*), um Veränderungen in der Reaktionsrate über längere Perioden hinweg beobachten und vergleichen zu können. Damit Veränderungen in der Reaktionsrate z. B. auf Konditionierungsprozesse (→ *Konditionierung*) zurückgeführt werden können, muß jeweils vorgängig die → *Spontanrate* bestimmt werden.

Reaktionsstärke (response strength)

Maß für die Größe oder Intensität einer Reaktion. Da Reaktionen beliebig definierte Verhaltenseinheiten darstellen, gibt es für die Reaktionsstärke entsprechend verschiedene Meßgrößen wie Frequenz, → *Latenz*, Größe oder Dauer der betreffenden Reaktion. Zwischen diesen einzelnen Meßgrößen besteht keine einfache Beziehung, jede davon kann unabhängig von den anderen durch → *Verstärkung* beeinflußt werden. Deshalb muß man stets spezifizieren, welcher Aspekt einer Reaktion gemessen wurde, wenn man Veränderungen in der Reaktionsstärke angibt.

Reaktionssummation (reaction summation)

Reaktionssummierung. Efferente Impulse, die in räumlicher und/oder zeitlicher Nähe motorische Effektorzellen erreichen, haben die Eigenschaft, sich zu summieren, wodurch eine vom Einzelimpuls verschiedene oder stärkere Reaktion auftritt (vgl. auch → *Reizsummation*).

Reaktionsverhinderung (response prevention)

Löschungsverfahren für Vermeidungsverhalten (→ *Vermeidung*), wobei unter Darbietung des konditionellen Reizes CS und in Abwesenheit des unkonditionellen Reizes UCS (→ *Löschung*) die Ausführung der Vermeidungsreaktion verhindert wird. Der Begriff wird oft auch als Synonym für das Verfahren der → *Reizüberflutung* verwendet.

Reaktionsverkettung (chaining) → Verhaltenskette

reaktive Hemmung (reactive inhibition) → Hemmung, reaktive

Reflex (reflex)

Unwillkürliche, automatisch und ohne Verzögerung ablaufende physiologische → *Reaktion* auf einen äußeren oder inneren → *Reiz*. Die Reaktion ist entweder die Reflexbewegung eines Muskels bzw. einer Muskelgruppe oder die Aktivierung einer Drüse; sie kann aber auch relativ komplexe Aktivierungsmuster von Muskeln und Drüsen umfassen (→ *Aktivation*). Die daran beteiligte nervöse Erregung durchläuft einen *Reflexbogen*. Er beginnt bei einem → *Rezeptor*, der den Reiz in Nervenimpulse (→ *Erregungen*) umsetzt. Diese Impulse gelangen über afferente (= zentripetale) Nervenfasern (→ *Afferenz*) ins Zentralnervensystem und durchlaufen dort eine oder mehrere Synapsen. Das Ausgangssignal löst schließlich über efferente (= zentripetale) Fasern (→ *Efferenz*) die Erregung am Erfolgsorgan (→ *Effektor*) aus. Befinden sich Rezeptor und Effektor anatomisch an derselben Stelle, so handelt es sich um einen *Eigenreflex*; befinden sie sich an verschiedenen Stellen, so handelt es sich um einen *Fremdreflex*. Reflexe können durch klassische Konditionierung (→ *Konditionierung, klassische*) unter die Kontrolle von Signalreizen gebracht werden.

Reflexkette (reflex chain) → Verhaltenskette

Regelkreis (feedback system)

Aus der Kybernetik stammender Begriff für Prozesse, deren Ablauf durch ständiges Überprüfen eines durch Fühler oder → *Rezeptoren* ermittelten Istzustandes (→ *Feedback*) im Vergleich zu einem Sollzustand selbständig geregelt wird. Regelkreise spielen nicht nur in der Regelungstechnik, sondern auch in der Biologie, z. B. bei Stoffwechselvorgängen und → *Orientierungsreaktionen* (→ *Reafferenzprinzip*), eine große Rolle. Ferner besteht heute die Tendenz, komplexe Interaktionen (z. B. in einem sozialen System) mit Hilfe von Regelkreismodellen zu analysieren.

Reinforcement (reinforcement) → Verstärkung

Reiz (stimulus, S)

Stimulus. Allgemeine und umfassende Bezeichnung für jede Veränderung, die innerhalb oder außerhalb des Organismus auf eines oder mehrere Sinnesorgane einwirkt und nach der Weiter-

leitung der nervösen Erregung eine spezifische Zustandsänderung des Organismus oder von Teilen davon, genannt → *Reaktion*, auslöst. Der Begriff wird auch für mehr oder weniger komplexe Veränderungen oder Ereignisse in der Umwelt verwendet, die den Organismus zu einem bestimmten Verhalten veranlassen (→ *Auslöser*, → *Verstärkung*, → *Belohnung*, → *Strafe*, → *Konditionierung*).
Ein Reiz, der → *Verstärkung* anzeigt, d. h. mit Verstärkung assoziiert ist, wird positiver Reiz (S+) genannt, ein mit Nicht-Verstärkung (→ *Löschung*) assoziierter Reiz *negativer Reiz* (S−) (vgl. → *Reizdiskrimination*, → *Unterscheidungslernen*). In der Terminologie der operanten Konditionierung (→ *Konditionierung, operante*) werden dafür meist die Begriffe S^D (→ *Reiz, diskriminativer*) und S^Δ verwendet.

Reiz, aversiver (aversive stimulus)

Unlustbetonter Reiz. Reiz, den ein Organismus als unangenehm bewertet und den er deshalb zu vermeiden versucht. Operational lassen sich aversive Reize in zwei Klassen einteilen: 1. Reize, die eine → *Reaktionsrate* senken bzw. heben, wenn sie nach einer → *Reaktion* dargeboten (positive Bestrafung, vgl. → *Strafe*, → *Strafstimulus*) bzw. weggenommen oder abgeschwächt (negative → *Verstärkung*) werden, 2. Reize, die bestimmte motorische, physiologische oder psychische Reaktionen auslösen, wobei beide Funktionen auch gleichzeitig auftreten können (vgl. → *Aversionstherapie*).

Reiz, diskriminativer (discriminative stimulus, S^D)

Diskriminierender Reiz, Hinweisreiz, Unterscheidungsreiz. Bei der operanten Konditionierung (→ *Konditionierung, operante*) ein Reiz, der anzeigt, daß bei entsprechender Reaktion auf diesen Reiz → *Verstärkung* auftritt bzw. auftreten wird. Ein Reiz funktioniert dann als diskriminativer Reiz, wenn bei seinem Auftreten die → *Reaktionsrate* steigt oder sinkt, was man als → *Reizkontrolle* (→ *Verhaltenskontrolle*) bezeichnet. Der diskriminative Reiz kann die entsprechende operante Reaktion (→ *Operant, diskriminierter*) auslösen, was B. F. → *Skinner* ursprünglich Pseudo-Reflex nannte, steht aber nicht mit ihr im Sinne eines → *Reflexes* in funktionalem Zusammenhang.

Reiz, konditioneller aversiver (conditioned aversive stimulus)

Ursprünglich neutraler Reiz, der durch Koppelung mit einem aversiven Reiz (→ *Reiz, aversiver*) ebenfalls zu einem aversiven Reiz wurde (→ *Konditionierung, klassische*).

Reizdiskrimination (stimulus discrimination)

Reizunterscheidung. Durch → *Konditionierung* erworbene Unterscheidungsleistung, bei zwei oder mehreren Reizen auf den die → *Verstärkung* anzeigenden Reiz zu reagieren. Dieser heißt *positiver Reiz*, der nicht verstärkte *negativer Reiz* (→ *Reiz*, → *Unterscheidungslernen*). In der operanten Konditionierung (→ *Konditionierung, operante*) äußert sich die Unterscheidungsleistung durch eine größere Reaktionswahrscheinlichkeit in Gegenwart eines mit positiver Verstärkung assoziierten diskriminativen Reizes (S^D, → *Reiz, diskriminativer*) und entsprechend geringere Reaktionswahrscheinlichkeit in Gegenwart eines mit Löschung assoziierten Reizes (S^Δ).

Reizgeneralisierung (stimulus generalization)

Wird durch → *Konditionierung* auf einen ganz bestimmten Reiz hin eine Reaktion gelernt, so kann diese Reaktion später auch bei ähnlichen Reizen auftreten. Die Reaktion erfolgt dabei um so häufiger oder um so stärker, je größer die Ähnlichkeit zwischen Originalreiz und neuem Reiz ist. Dieses Phänomen läßt sich durch einen → *Generalisierungsgradienten* ausdrücken. Durch → *Unterscheidungslernen* und → *Reizdiskrimination* kann der Reizgeneralisierung entgegengewirkt werden. Analog zur Reizgeneralisierung gibt es eine → *Reaktionsgeneralisierung*.

Reizkontrolle (stimulus control)

Wurde ein Verhalten z. B. durch → *Belohnung* in ganz bestimmten Reizsituationen verstärkt, so wird es mit diesen assoziiert. Die Wahrscheinlichkeit nimmt deshalb zu, daß es unter ähnlichen Bedingungen wieder auftritt, und es kann durch entsprechende Reize ausgelöst werden. Man sagt, das Verhalten gelange unter die Kontrolle von auslösenden Reizen (Reizkontrolle); es kann somit durch entsprechende Reizbedingungen auch vom Experimentator kontrolliert werden.
Reizkontrolle wird als Veränderung der Reaktionswahrschein-

lichkeit in Abhängigkeit von Reizveränderungen gemessen. Je stärker sich dabei die Reaktionswahrscheinlichkeit verändert, desto größer ist die Reizkontrolle bezüglich der variierten Reizsituation. In der Terminologie der operanten Konditionierung (→ *Konditionierung, operante*) wird der Begriff Reizkontrolle meist den Begriffen → *Reizgeneralisierung* und → *Reizdiskrimination* vorgezogen, denn diese beschreiben eher Prozesse als empirisch beobachtbare Funktionen des Organismus.

Reizmuster (stimulus pattern)

Reizkonfiguration, Reizpattern, Reizsituation. Qualitative und quantitative Gesamtheit von Einzelreizen, die zusammen z. B. eine komplexe Situation ausmachen und eine funktionale Einheit bilden (vgl. → *Reaktionsmuster*).

Reiz-Reaktions-Theorie (stimulus response theory, S-R theory)

S-R Theorie. Theorien, die Lernen als eine Verknüpfung (→ *Assoziation*, → *Gesetz der Bereitschaft*) von Reizen (Stimuli, S) und Reaktionen (R) betrachten, wobei → *Verstärkung* und → *Kontiguität* eine entscheidende Rolle spielen. Betont wird der kausale und determinierende Charakter der Reizwirkung. Die entsprechenden Zusammenhänge werden durch mathematische Formeln ausgedrückt, wobei die *Reize* als unabhängige → *Variable* und die individuellen Reaktionen als abhängige → *Variable* auftreten. Für die durch das Individuum selbst gegebenen Bedingungen wie z. B. die → *Motivation*, drängte sich jedoch die Einführung weiterer Variablen auf, die als sog. dazwischentretende oder intervenierende → *Variable* (→ *Konstrukt*) bezeichnet werden. C. L. → *Hull* zählt dazu → *Gewohnheitsstärke*, → *Reaktionspotential*, → *Hemmungspotential* und → *Trieb*.

Reizspur (stimulus trace)

Nach C. L. → *Hull* die Nachwirkung eines kurzzeitig dargebotenen Reizes bzw. die Nacherregung (→ *Erregung*) eines afferenten neuralen Impulses.

Reiz-Stichproben-Theorie (stimulus sampling theory, SST)

Auf W. K. → *Estes* zurückgehender Ansatz bei der Konstruktion von mathematischen → *Lerntheorien.* Eine Situation wird dabei als eine Grundgesamtheit von unabhängig voneinander variierenden Komponenten oder Aspekten, sog. *Reizelementen* (→ *Reiz*), der gesamten Umwelt betrachtet. In jedem Lerndurchgang werden Stichproben gezogen, und es erfolgt eine → *Konditionierung* der darin enthaltenen Elemente auf die jeweilige → *Reaktion.*

Reizsummation (sensory summation)

Reizsummierung. Intensitätsanstieg, der im sensorischen Bereich auftritt, wenn zwei oder mehrere → *Reize* einen → *Rezeptor* in schneller zeitlicher Folge bzw. enger räumlicher Nachbarschaft treffen. Man spricht dann von zeitlicher bzw. räumlicher Summation (vgl. auch → *Reaktionssummation*).

Reizüberflutung (flooding)

Löschungsprozedur (→ *Löschung*), die zur Behandlung von → *Phobien* benützt wird. Im Unterschied zur → *Desensibilisierung* werden weder → *Gegenkonditionierung* durch Entspannung noch → *Angsthierarchien* verwendet. Die angstauslösenden Reize werden schon von Anfang an in maximaler Stärke zunächst vorstellungsmäßig und erst später auch in der realen Situation dargeboten. Dabei nimmt man an, daß das Ausbleiben des unkonditionellen Reizes (→ *Konditionierung, klassische*) die Angst nach dem Pawlowschen Löschungsprinzip (vgl. → *Implosionstherapie,* → *Habituationstraining*) verringere.

Rekonditionierung (reconditioning)

Wiederaufbau einer konditionierten Reaktion nach einer Löschungsprozedur (→ *Löschung*) durch erneutes Darbieten des unkonditionellen Reizes (UCS). Rekonditionierung erfolgt in der Regel bedeutend schneller als die ursprüngliche Konditionierung (vgl. → *Gedächtnis,* 3. Ersparnismethode).

Reminiszenz (reminiscence)

Wiedererscheinen von Gedächtnisinhalten (vgl. → *Gedächtnis*) oder unbemerktes Eingehen von Gedächtnisinhalten in eine

Handlung ohne ersichtlichen äußeren oder inneren Anlaß. Ferner auch die Steigerung einer Reproduktionsleistung oder Wiedererkennungsleistung, die sich ohne zusätzliches Üben nach einer Ruheperiode manifestieren kann. Solche Reminiszenzen werden normalerweise aus der → *Lern- oder Vergessenskurve* ermittelt.

Remission (remission)

Das Verschwinden von Krankheitssymptomen. Tritt dieser Prozeß ohne sichtbaren äußeren Anlaß bzw. ohne therapeutische Behandlung auf, so bezeichnet man dies auch als Spontanremission.

Replikationstherapie (replication therapy)

Teilweises oder vollständiges Replizieren (Wiederaufbauen) von problematischen Lebenssituationen in klinischem Rahmen. Dadurch wird der Patient in die Lage versetzt, in der »sicheren« Therapiesituation neue Verhaltensweisen zu entdecken und einzuüben. Zweckmäßige Reaktionen (→ *Anpassung*) können durch den Therapeuten oder eine Therapiegruppe selektiv verstärkt werden. Überdies lassen sich dabei auch die Mechanismen des stellvertretenden Lernens (→ *Modellernen*) therapeutisch ausnützen und die verschiedensten Methoden wie Psychodrama (→ *Gruppentherapie*) oder → *Verhaltensübung* anwenden.

Respondente Konditionierung (respondent conditioning) → Konditionierung, klassische

Respondentes Verhalten (respondent behavior) → Verhalten, respondentes

Response (response) → Reaktion

Retention (retention) → Gedächtnis

Retrieval (retrival)

Abrufen bzw. Hervorholen eines Gedächtnisinhaltes (→ *Gedächtnis*).

Retroaktive Hemmung (retroactive inhibition) → Hemmung, retroaktive

Rezeptor (receptor)

Spezialisierte Zellen oder Zellbestandteile, die mit Sinnesnerven verbunden sind und durch ihnen jeweils entsprechende Reizqualitäten erregt werden (→ *Erregung*). Allgemein werden 4 Klassen unterschieden, nämlich Licht-, Mechano-, Chemo- und Thermorezeptoren. Analog zu diesen Sinnesrezeptoren werden auch jene Zellorganzellen im Nervensystem als Rezeptoren bezeichnet, die auf Neurotransmittoren ansprechen und der Erregungsübertragung dienen.

Reziproke Hemmung (reciprocal inhibition) → Hemmung, reziproke

Rubinstein, Sergei Leonidowitsch

* 18. 6. 1889 in Odessa, † 11. 1. 1960 in Moskau. Studium in Odessa. Wurde 1919 Professor für Philosophie und Psychologie an der Universität Odessa. 1932–1942 Professor in Leningrad und 1942–1950 an der Universität Moskau.
Arbeitsgebiet: Theoretische, philosophische und geschichtliche Aspekte der Psychologie; veröffentlichte vor allem über Psychologie des Gedächtnisses und des Denkens.
Werke: *Grundlagen der allgemeinen Psychologie*, 1940, ^{2}1946, dt. 1958, ^{6}1968; *Sein und Bewußtsein*, 1957, dt. 1962, ^{5}1968; *Das Denken und die Wege seiner Erforschung, 1958, dt. 1961, ^{3}1968; Prinzipien und Wege der Entwicklung der Psychologie*, 1959, dt. 1963, ^{2}1969.

Rückkoppelung (feedback) → Feedback

Rückmeldung (feedback) → Feedback

Rückwärtskonditionierung (backward conditioning) → Konditionierung, rückwirkende

Salter, Andrew

* 9. 5. 1914 in Waterbury (Connecticut). Psychologiestudium an der New York University. Seit 1940 Privatpraxis in New York.

Begann über Selbsthypnose zu arbeiten und gilt als Mitbegründer des → *Selbstsicherheitstrainings.* Betrachtet Hypnose als Ergebnis von Konditionierungsprozessen. Deshalb lasse sie sich unter → *Selbstkontrolle* bringen und zur Therapie von Neurosen anwenden, da diese ebenfalls durch Konditionierung entstanden seien.
Werke: *What is Hypnosis?* 1944; *Conditioned Reflex Therapy*, 1949.

Schlaftherapie (sleep treatment)

Heilschlaf. Behandlungsmethode, die psychische Störungen dadurch zu beheben versucht, daß sie mit Medikamenten den Schlaf verlängert bzw. Dauernarkosen herbeiführt.

Schoenfeld, William N.

* 6. 12. 1915 in New York. Psychologiestudium an der Columbia University in New York. 1942–1966 Professor für Psychologie an der Columbia University und seit 1966 Professor am Queens College und am Cornell University Medical College.
Arbeitsgebiet: Lerntheorien, Konditionierung, Sozialpsychologie, Psychophysik und Wahrnehmung.
Werke: *Principles of Psychology*, New York 1950 (mit F. S. Keller); *The Theory of Reinforcement Schedules*, New York 1970 (Hrsg.); *Stimulus Schedules: The t-τ Systems*, New York 1972 (mit B. K. Cole).

Schreckreaktion (startle response, startle reflex)

Unwillkürliche motorische → *Reaktion* von großer Heftigkeit, meist in Form eines Zusammenzuckens, beim Auftreten eines unerwarteten, starken → *Reizes.* Reflexartige Zuwendungsreaktionen auf schwächere sensorische Reize werden dagegen als → *Orientierungsreaktionen* bzw. *Orientierungsreflexe* bezeichnet.

Sekundäre Verstärkung (secondary reinforcement) → Verstärkung, sekundäre

Selbstbestrafung (self-punishment)

Reaktionsabhängiges Verabreichen einer → *Strafe* für eigenes Verhalten durch das betreffende Individuum selbst. Dieses Vorgehen ist eine Technik der → *Selbstkontrolle*, wobei sowohl eigentliche Strafen als auch bloß vorgestellte aversive Reize wie bei der verdeckten Sensibilisierung (→ *Sensibilisierung, verdeckte*) eingesetzt werden können. Gegenteil: → *Selbstverstärkung*.

Selbstformung (autoshaping)

Verfahren das angewandt wird, um z. B. Tauben in einer → *Skinner-Box* überhaupt dazu zu bringen, für Futterbelohnung auf ein Scheibchen (→ *Manipulandum*) zu picken. Verabreicht man in regelmäßigen Zeitabständen Futter (→ *Verstärkung, nicht-kontingente*) und beleuchtet dabei stets vor der Futterabgabe kurzzeitig das Pickscheibchen, so wird dadurch die → *Aufmerksamkeit* der Taube auf dieses Scheibchen gelenkt, und sie beginnt schon relativ bald, von sich aus daran zu picken. Das Verfahren eignet sich vorzüglich für Tauben, läßt sich aber auch ganz generell anwenden (vgl. → *Verhaltensformung*).

Selbstkontrolle (self-control)

Spezialfall der Selbstregulierung, bei dem das Individuum versucht, in Konkurrenz mit Umweltkontrollen (→ *Fremdkontrolle*, → *Reizkontrolle*), seinem eigenen Verhalten eine neue Richtung zu geben. Dazu braucht es die Fähigkeit, zugunsten einer mittelbaren größeren → *Belohnung* auf eine unmittelbare, aber kleinere Belohnung verzichten zu können. Nachdem sich die Methoden der Verhaltenstherapie ursprünglich auf das Kontrollieren der Behandlungsumgebung des Patienten konzentrierten, entwickelte man später verschiedene Trainingsmethoden, die dem Patienten helfen, Selbstkontrolle zu erreichen. Die betreffende Person wird dabei in die Lage versetzt, die Wahrscheinlichkeit des Auftretens eines bestimmten → *Verhaltens* dadurch zu ändern, daß sie die Variablen (→ *Reiz*, → *Auslöser*), die das Auftreten in der Vergangenheit gesteuert haben, modifiziert. Die meisten Methoden verlagern entweder die Reizkontrolle von einem Umweltmerkmal auf ein anderes, oder sie führen eine → *Reaktion* ein, die das → *Problemverhalten* konkurrenziert (→ *Gegenkonditionierung*), oder sie verstärken eine kontrollierende Reaktion. Die entsprechenden Techniken und Prozeduren werden häufig zunächst unter → *Fremdkontrolle* durch den Therapeuten eingeübt und dann nach und nach unter die Kontrolle des Patienten gebracht. Ein wesentliches

Merkmal ist dabei die → *Selbstverstärkung*, da Selbstkontrolle erst erreicht ist, wenn das gewünschte Verhalten ohne äußere Unterstützung abläuft. Ein gewisses Maß an Selbstkontrolle wird oft schon erreicht, wenn der Betreffende sein eigenes Verhalten genau beobachten und protokollieren muß (vgl. → *Ausgangsdaten*) oder wenn er z. B. mit audiovisuellen Geräten im Sinne einer Selbstkonfrontation objektive Information über sein eigenes Verhalten erhält. Im Bereich der Verhaltensmodifikation werden diese beiden letzteren Methoden häufig auch in der Erziehungs- und Eheberatung sowie in der Führungs-Ausbildung eingesetzt (vgl. → *Gedankenstopp*, → *Kontingenz-Management*, → *Selbstbestrafung*, → *Sensibilisierung, verdeckte*, → *vertragliches Management*).

Selbstregulierung (self-regulation)

Allgemeine Bezeichnung für diejenigen Fälle, in denen eine Person ihr eigenes → *Verhalten* steuert und sich → *Verstärkungen* und Hinweisreize (→ *Reiz, diskriminativer*) selbst verabreicht. Ist das auszuführende Verhalten infolge konkurrierender Umweltkontrollen (→ *Fremdkontrolle*, → *Reizkontrolle*) jedoch konflikthaft (→ *Konflikt*), so bezeichnet man die entsprechenden Bemühungen des Individuums als → *Selbstkontrolle*.

Selbstreizung (self-stimulation)

Autostimulation. Von J. → *Olds* und P. Milner entdecktes Phänomen, daß direkt ins Gehirn applizierte schwache elektrische → *Reize* als → *Verstärker* wirken können. Wird z. B. eine Ratte in einer → *Skinner-Box* elektrisch gereizt, wenn sie einen Hebel drückt (siehe Abbildung), so betätigt sie den Hebel bei optimaler Reizstärke und geeigneter Plazierung der Reizelektrode mit ganz extremer Häufigkeit. Die Ratte stimuliert sich somit selbst, und dies unter Umständen solange, bis sie an Erschöpfung stirbt. Die elektrische Reizung wirkt analog wie natürliche Belohnungen als Verstärker. Ihre Wirksamkeit ist aber viel stärker, da sie bei Reaktionsalternativen natürlichen Belohnungen gegenüber stets vorgezogen wird. Neben belohnend wirkenden Reizstellen – am stärksten wirken Gebiete im Septum und entlang des medialen Vorderhirnbündels – gibt es auch Hirnregionen, deren Reizung aversiv (→ *Reiz, aversiver*) wirkt. Diese Befunde ließen sich mit entsprechenden Hirnreizungen auch am Menschen bestätigen.

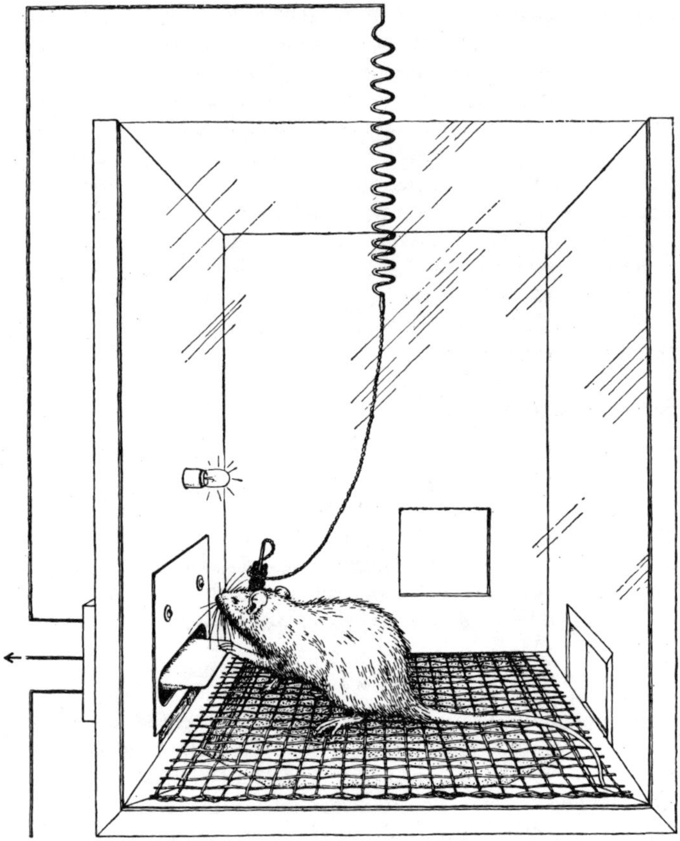

Selbstreizung: Durch Niederdrücken des Hebels kann die Ratte einen elektrischen Reiz auslösen, der ihr über eine im Gehirn implantierte Elektrode appliziert wird, (aus Olds, 1956).

Selbstsicherheitstraining (assertive training)

Von A. → *Salter* begründetes Verfahren der Verhaltenstherapie, das erlaubt, gestörte soziale Interaktionen bzw. soziale Ängste gezielt und systematisch zu behandeln. Die heute gebräuchlichsten Methoden bestehen meist aus einer Kombination von verschiedenen Techniken wie → *Verhaltensübung*, → *Modellernen* und operante Konditionierung (→ Konditionierung, operante). Sie variieren je nach den implizierten Definitionen der Begriffe Selbstsicherheit bzw. Selbstunsicherheit.

Selbstsuggestion (self-suggestion) → Autosuggestion

Selbstverstärkung (self-reinforcement)

Reaktionsabhängiges Verabreichen von → *Verstärkungen* für eigenes Verhalten. Dadurch kann es einer Person gelingen, → *Verhalten* ohne äußere Verstärkung aufrechtzuerhalten. Dieses Verfahren wird z. B. als Mittel zur → *Selbstkontrolle* angewendet (Gegenteil: → *Selbstbestrafung*).

Sensibilisierung (sensitization)

Sensitivierung. Steigerung der Empfindlichkeit oder Empfänglichkeit für einen bestimmten → *Reiz*.

Sensibilisierung, verdeckte (covert sensitization)

Verhaltenstherapeutische Prozedur, durch die ein Patient zunächst unter Anleitung durch den Therapeuten (→ *Fremdkontrolle*) und später durch → *Selbstkontrolle* lernt, sich selbst vorstellungsmäßig einen aversiven Reiz zu verabreichen, wenn er sich versucht fühlt, das unerwünschte Verhalten auszuführen. Das Vorgehen weist gewisse Ähnlichkeiten mit der → *Aversionstherapie* auf und wird z. B. bei Eßsucht oder sexuellen Perversionen angewendet. Im Unterschied zur Aversionstherapie werden aber anstelle von realen aversiven Ereignissen verbale Reaktionen oder Vorstellungen verwendet, die den Patienten in die Lage versetzen, die Prozedur selbst durchzuführen.

Sensibilität (sensibility)

Allgemeine Bezeichnung für die generelle Fähigkeit des Organismus, Reize zu empfinden bzw. durch Reize erregt zu werden. *Sensitivität* (Empfindlichkeit; sensitiveness, sensitivity) dagegen bezeichnet die Fähigkeit, auf eine bestimmte Reizung oder Reizveränderung von geringer Intensität zu reagieren.

Sensitivierung (sensitization) → Sensibilisierung

Sensitivität (sensitivity, sensitiveness) → Sensibilität

Sensitivitätstraining (sensitivity training)

Encounter-Gruppe, T(rainings)-Gruppe. Auf den Ideen von K. Lewin und C. R. Rogers beruhendes Verfahren zum Einüben zwischenmenschlicher Beziehungen in einer Gruppe (vgl. → *Lernen, soziales*). Die betreffende Gruppe kann ganz verschieden zusammengesetzt sein (z. B. Personal oder Führungskräfte einer Firma, Gruppen von Ehepaaren oder Familien, gemischte Gruppen usw.). Gruppen, die sich mit Rauschgiftsüchtigen befassen, werden nach der Synanon-Organisation und ihren Methoden auch Synanons genannt. Die Gruppe trifft sich einmal, eventuell auch mehrmals pro Woche oder über ein ganzes Wochenende. Sie wird von mindestens einem Psychologen oder Psychiater geleitet, der das gegenseitige Verständnis unter den Gruppenmitgliedern und ihre menschliche Begegnung zu erleichtern versucht.

Sidman Vermeidung (Sidman avoidance) → kontinuierliche Vermeidung

Signalsystem (signal system, signalling system)

Nach I. P. → *Pawlow* die Gesamtheit aller von einem Organismus durch klassische Konditionierung (→ *Konditionierung, klassische*) erworbenen bzw. erlernten Verknüpfungen (→ *Assoziation*) zwischen komplexen Umweltreizen (Signalen) und angeborenen → *Reaktionen.* Während Tiere nach Pawlow nur über ein Signalsystem verfügen, können beim Menschen als *zweites* oder *verbales Signalsystem* auch abstrakte Zeichen oder Symbole der Sprache stellvertretend für Gegenstände oder Ereignisse Signalfunktion ausüben.

Sinnlose Silbe (nonsense syllable, senseless syllable)

Buchstabenkombination, die zwar aussprechbar ist, aber in der betreffenden Sprache keine Bedeutung hat und möglichst keine Assoziationen auslösen soll. Sinnlose Silben werden seit H. → *Ebbinghaus* zum Auswendiglernen verwendet, um die Behaltensleistung des → *Gedächtnisses* zu prüfen.

Skinner, Burrhus Frederic

* 20. 3. 1904 in Susquehanna (Pennsylvania). Psychologiestudium und berufliche Weiterbildung an der Harvard University. Professor für Psychologie, zunächst an der University of Minnesota, dann an der University of Indiana und seit 1948 an der Harvard University. Arbeitete an der experimentellen Analyse von operantem Verhalten und entwickelte dazu spezielle Labormethoden, z. B. die nach ihm benannte → *Skinner-Box*. Die gewonnenen Lernprinzipien übertrug er auf Sprachverhalten, Erziehung und Gesellschaft.
W. Werke: *The Behavior of Organisms*, New York 1938; *Walden Two*, New York 1948; *Verbal Behavior*, New York 1957; *Schedules of Reinforcement*, New York 1957 (mit C. B. Ferster); *Cumulative Record*, New York 1961; *The Technology of Teaching*, New York 1968; *The Analysis of Behavior*, Toronto–London 1961 (mit J. G. Holland); *Contingencies of Reinforcement*, New York 1969; dt. *Die Funktion der Verstärkung in der Verhaltenswissenschaft*, München 1974; *Beyond Freedom and Dignity*, London 1972; dt. *Jenseits von Freiheit und Würde*, Hamburg 1972; *Wissenschaft und menschliches Verhalten*, München 1973.

Skinner-Box (Skinner box)

Von B. F. → *Skinner* entwickelte Apparatur zum Studium von Lernprozessen. Das Versuchstier befindet sich in einem von der Außenwelt abgeschirmten Kasten und kann sich durch eine operante Reaktion (→ *Operant*), z. B. Niederdrücken eines Hebels oder Picken an ein Scheibchen, Futter verschaffen (siehe Abbildung). Der Versuchsablauf erfolgt automatisiert mittels eines elektronischen Steuergerätes oder eines Computerprogramms. Das Versuchstier zeigt die Tendenz, sein operantes Verhalten (→ *Verhalten, operantes*) an die vorgegebene Belohnungsstrategie (→ *Verstärkungsplan*) anzupassen. Solche Untersuchungen wurden mit den verschiedensten Tierarten sowie auch beim Menschen durchgeführt und zeigten jeweils sehr ähnliche Ergebnisse.

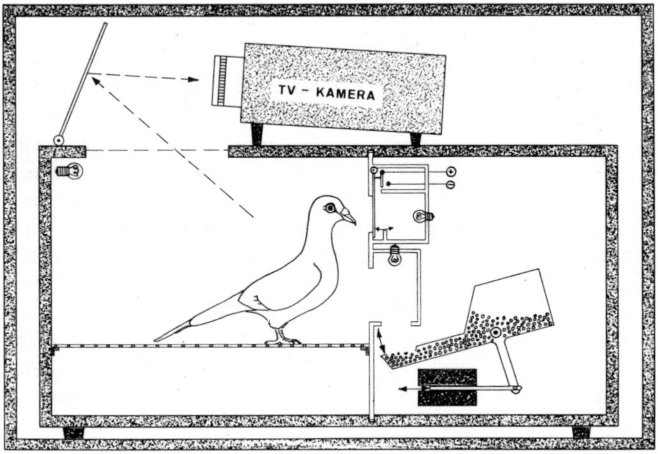

Skinner-Box: Das Versuchstier kann sich durch Schnabelhiebe (Wirkreaktion) auf ein Plastikscheibchen Futter beschaffen. Die Belohnungsgabe (Hochheben des Futtertrogs) erfolgt nur unter bestimmten Bedingungen, die das Versuchstier zu erlernen hat. Ein äußerer Kasten schirmt den eigentlichen Versuchskasten gegen Störgeräusche von außen ab. Eine Fernsehkamera nimmt das Innere über einen Spiegel auf, um das Verhalten des Versuchstieres beobachten oder aufzeichnen zu können.

Solomon, Richard Lester

* 2. 10. 1918 in Boston (USA). Psychologiestudium an der Brown University. Professor an verschiedenen amerikanischen Universitäten, seit 1960 an der University of Pennsylvania in Philadelphia.
Arbeitsgebiet: Lernen und Konditionierung, Psychophysiologie und Sozialpsychologie.
W. Werke: »Punishment«, in: *Amer. Psychologist*, 1964, 19, 239–254: »Aversive control in relation to the development of behavior disorders«, in: *Comparative Psychopathology*, New York, 1967; »An opponent-process theory of motivation: 1 The temporal dynamics of affect«, in: *Psychol. Review.*, 1974, 81, 119–145 (mit J. D. Corbit).

Soziales Lernen (social learning) → Lernen, soziales

Sozialpsychologie (social psychology)

Teilgebiet der Psychologie, das sich mit dem Verhalten von Individuen in Gruppen befaßt. Untersucht werden psychische Prozesse und zwischenmenschliche Interaktionen (→ *Interaktionsanalyse*) in Gruppen und zwischen Gruppen. Die Sozialpsychologie überschneidet sich mit verschiedenen Nachbardisziplinen, vor allem der Soziologie und Ethnologie. Ihr Untersuchungsobjekt ist aber eher das Individualverhalten als jenes der Gruppe als Ganzes.

Soziodrama (soziodrama) → Gruppentherapie

Spannung (tension)

Allgemeine Bezeichnung für Zustände, die durch erhöhte Muskelspannung, angespannte → *Aufmerksamkeit*, Reaktionsbereitschaft und von entsprechenden Spannungs- und Unruhegefühlen sowie teilweise auch Angstgefühlen gekennzeichnet sind.

Spence, Kenneth Wartinbee

* 6. 4. 1907 in Chicago, † 12. 1. 1967 in Texas. Studium an der McGill-University in Montreal und an der Yale University. Ab 1938 Professor an der University of Iowa und nach 1964 an der University of Texas. Experimentalpsychologe und Lerntheoretiker, der durch die Überarbeitung und Weiterführung der Lerntheorie von C. L. → Hull bekannt wurde.
W. Werke: *Behavior Theory and Conditioning*, 1956; *The Relation of Learning Theory to the Technology of Education*, 1959; *Behavior Theory and Learning*, 1960.
Lit.: Kendler, H. H.: »Kenneth W. Spence«, in: *Psychol. Rev.* 1967, 74, 335–341.

Spencer, Herbert

* 27. 4. 1820 in Derby (England), † 8. 12. 1903 in Brighton. Eisenbahningenieur, Schriftsteller, Privatgelehrter und Autodidakt. Wurde bekannt durch seine philosophischen Schriften. Entwickelte vor Darwin eine Evolutionstheorie, die das Evolutionsprinzip auch für den Bereich der menschlichen Gesellschaft gelten läßt. Gilt als Vorläufer des → *Funktionalismus*, da er die

Ansicht vertrat, Verhalten sei ein fortwährender Anpassungsvorgang (→ *Anpassung*) im Dienste des Überlebens.
W. Werke: *Prinzipien der Psychologie*, 1855; *A System of Synthetic Philosophy*, 10 Bde. 1862–1896, dt. 1875–1901.

Spontane Alternierung (spontaneous alternation) → Alternierung, spontane

Spontane Erholung (spontaneous recovery) → Erholung, spontane

Spontanes Verhalten (spontaneous behavior) → Verhalten, spontanes

Spontanrate (operant level)

Häufigkeit, mit der eine definierte → *Reaktion* in einer bestimmten Situation spontan, d. h. ohne Veränderung der Reizbedingungen, auftritt. Bevor man z. B. mit operanter Konditionierung (→ *Konditionierung, operante*) beginnt, muß die Spontanrate bestimmt werden. Die Wirksamkeit eines experimentellen Eingriffs läßt sich nur dann ermitteln, wenn man die beobachteten Veränderungen mit der Grundkurve (→ *Ausgangsdaten*) vergleichen kann.

Spontanremission (spontaneous remission) → Remission

Spurenreflex (trace reflex)

Spezialfall der klassischen Konditionierung (→ *Konditionierung, klassische*), bei dem der konditionelle Reiz CS beendet wird, bevor der unkonditionelle Reiz UCS einsetzt. Beträgt die Pause zwischen CS und UCS einige Sekunden, so handelt es sich um die Ausbildung eines »kurzen« Spurenreflexes; bei Pausen in der Größenordnung von einer oder mehreren Minuten dagegen spricht man von »langen« Spurenreflexen. Bei langen Pausen zwischen CS und UCS erfolgt Konditionierung vermutlich nur dann, wenn während der Pause vom Versuchsleiter nicht beabsichtigte Hinweisreize gegeben werden, welche die bevorstehende → *Verstärkung* ankündigen.

Stellvertretende Verstärkung (vicarious reinforcement) → Verstärkung, stellvertretende

Stellvertretendes Lernen (vicarious learning) → Modellernen

Stimulus (stimulus) → Reiz

Strafe (punishment)

Bestrafung. Verabreichen eines aversiven Reizes (→ *Reiz, aversiver*) in Verbindung mit einer Handlung oder → *Reaktion*, wodurch die Auftretenswahrscheinlichkeit dieser Reaktion abnimmt. Strafe bewirkt → *Hemmung* oder → *Löschung* und kann als Gegenstück der → *Verstärkung* betrachtet werden. Neben eigentlichen aversiven Reizen wie dem Zufügen von Schmerz (positive Bestrafung) können auch der Entzug einer erwarteten Belohnung (negative Bestrafung) bzw. beim Menschen verbale Feststellungen wie »falsch« oder der Entzug der sozialen Zuwendung als Strafe wirken, falls eine → *Kontingenz* zu einer Handlung oder Reaktion besteht. Wie bei der Verstärkung ist die Wirkung der Strafe um so größer, je kürzer das zeitliche Intervall zwischen Reaktion und aversivem Ereignis ist. Dagegen sind psychosomatische Auswirkungen wie Magengeschwüre oder emotionale Erregungen größer, wenn das Auftreten aversiver Ereignisse nicht vorausgeahnt (→ *Antizipation*) oder kontrolliert werden kann.

Wenn ein als Strafe verabreichter Reiz eine Reaktion nicht unterdrückt, sondern verstärkt, wie das unter gewissen Bedingungen z. B. in der Erziehung der Fall sein kann, so ist sie keine eigentliche Strafe mehr, weil verstärkende Komponenten (z. B. Erzeugen von Aufmerksamkeit, Zuwendung des Erziehers) überwiegen. Was letzten Endes Strafe ist, bestimmt nicht derjenige, der sie verabreicht, sondern der Effekt auf den, der sie empfängt.

Zur Förderung spezifischer Lernprozesse ist Belohnung im allgemeinen der Strafe vorzuziehen. Diese wirkt meist dann am besten, wenn gleichzeitig alternative Verhaltensweisen belohnt und unerwünschte Nebeneffekte vermieden werden.

In der Verhaltensmodifikation wird Strafe gelegentlich zum Unterdrücken von schlechtangepaßten Verhaltensmustern (z. B. Stottern, Schreibkrampf, Fetischismus) angewandt (vgl. auch → *Selbstbestrafung*).

Strafreiz (punisher) → Strafstimulus

Strafstimulus (punisher)

Strafreiz. Mittel, das als → *Strafe* eingesetzt werden kann. *Positive Strafstimuli* sind auf Reaktionen verabreichte aversive Reize (positive Bestrafung; → *Reiz, aversiver*), *negative Strafstimuli* dagegen sind reaktionsabhängig entzogene positive Verstärker (negative Bestrafung; → *Verstärkerentzug*). Positive Strafstimuli und negative Verstärker sowie negative Strafstimuli und positive Verstärker sind im Prinzip identisch. Sie unterscheiden sich nur durch ihre Verwendung bei unterschiedlichen Verfahren, wobei Verstärker die → *Reaktionsrate* erhöhen, Strafstimuli diese jedoch senken.

Streß (stress)

Umfassende Bezeichnung für alle physischen und psychischen Belastungszustände, die Veränderungen im autonomen Nervensystem bewirken und bei zu großer Intensität oder Dauer zu psychosomatischen Störungen führen können. Durchschnittliche Streßintensität ist zur Erhaltung der Vitalität notwendig, extreme Streßsituationen dagegen können sog. Notfallreaktionen auslösen, mit deren Hilfe der Organismus versucht, das durch Veränderungen im autonomen Nervensystem gestörte physiologische Gleichgewicht wiederherzustellen.

Suggestion (suggestion)

Allgemeine und umfassende Bezeichnung für die Beeinflussung psychischer und physischer Prozesse durch Vermittlung einstellungsverändernder, verbaler Botschaften. Suggestion wird in der → *Psychotherapie* in Form von → *Autosuggestion*, bzw. Fremdsuggestion durch den Therapeuten, z. B. bei der → *Hypnose* oder zur Unterstützung von Entspannungsmethoden (→ *Entspannungstechniken*), angewendet. Der Grad der suggestiven Beeinflußbarkeit eines Individuums wird als *Suggestibilität* bezeichnet.

Sukzessive Annäherung (successive approximation) → Verhaltensformung

Symbolisches Versuch-Irrtum-Verhalten (vicarious trial-and-error behavior, VTE)

Zögerndes → *Verhalten* eines Versuchstieres an einem Wahlpunkt (→ *Wahl*) bzw. beim Treffen einer Entscheidung, wobei es mit Intensionsbewegungen zwischen den verschiedenen Möglichkeiten hin und her oszilliert. In einem T-Labyrinth (→ *Labyrinth*) z. B. bleibt die Ratte häufig am Wahlpunkt stehen und bewegt den Kopf wiederholt nach links und nach rechts, bevor sie eine Wahl trifft. VTE gilt als ein behavioristisches (→ *Behaviorismus*) Korrelat des Denkens. Unter gewissen Umständen scheint der Lernfortschritt von der Häufigkeit solcher symbolischer Versuch-Irrtums-Reaktionen abzuhängen (vgl. → *Lernen durch Versuch und Irrtum*).

Symptom (symptom)

Jedes Anzeichen oder Kennzeichen einer Krankheit bzw. eines abnormen physiologischen oder psychischen Zustandes. Die Gesamtheit aller Symptome, die eine bestimmte Krankheit oder Störung begleiten, wird dagegen *Syndrom* genannt. In der Verhaltenstherapie verwendet man anstelle des Begriffs Symptom meist den Begriff → *Reaktion* aufgrund der Annahme, psychische Störungen ließen sich nicht wie organische Störungen mit einem Ursache-Wirkungs-Modell erklären, da sie in der Regel nicht monokausal bedingt seien, sondern das Ergebnis gestörter Interaktionen in einem Systemprozeß darstellen.

Symptomverschiebung (symptom substitution)

Symptomersatz, Symptomsubstitution. Theorie, die besagt, daß die bloße Eliminierung eines Symptoms durch → *Verhaltenstherapie*, → *Hypnose* oder → *Suggestion* das Auftreten eines anderen Symptoms bewirkt. Sie beruht auf der Annahme, die Persönlichkeit sei ein geschlossenes Energiesystem (Systemprozeß), und ein bestimmtes → *Problemverhalten* oder → *Symptom* sei somit der Ausdruck eines inneren Triebkonfliktes (→ *Trieb*). Die Frage der Symptomverschiebung bildet die theoretische Hauptkontroverse zwischen Verhaltenstherapie und Psychoanalyse. Betrachtet und bezeichnet man aber Symptomverschiebung als *Reaktionsverschiebung* (→ *Reaktion*), so sind die beiden Standpunkte nicht mehr völlig unvereinbar. Der Verhaltenstherapeut versucht Reaktionsverschiebungen zu vermeiden, indem er die Bedingungen für das Auftreten eines → *Problemverhaltens* genau analysiert und zu ergründen sucht, wie dieses Verhalten in der Vergangenheit verstärkt (→ *Verstärkung*) wurde, bevor er eine verhaltenstherapeutische Behandlungstechnik anwendet.

Tandemverstärkungsplan (tandem schedule) → Verstärkungsplan

Tension (tension) → Spannung

Terrace, Herbert Sidney

* 29. 11. 1936 in New York (USA). Psychologiestudium an der Cornell University und an der Harvard University. Seit 1963 Professor an der Columbia University.
Arbeitsgebiet: Reizkontrolle, Akquisition von operantem Verhalten, Selbstformung, Erlernen einer Zeichensprache durch Schimpansen.
W. Werke: »Stimulus control«, in: W. H. Honig (Hrsg.), *Operant Behavior: Areas of Research and Application*, New York 1966; *Introduction to Statistics*, San Rafael, Cal., 1971; *Behavioral and Cognitive Psychology*, New York 1976.

Thorndike, Edward Lee

* 31. 8. 1874 in Williamsburg (Virginia), † 10. 8. 1949 in Montrose (New York). Psychologiestudium an der Harvard University unter W. James. Hier begann er mit Lernexperimenten an Katzen und Hunden. Seine Untersuchungen führte er mit dem von ihm konstruierten → *Problemkäfig* durch, der vom Versuchstier ein → *Lernen durch Versuch und Irrtum* verlangt. Die Ergebnisse faßte er in seiner 1898 erschienenen Dissertation zusammen. Seine Lerntheorie und das von ihm formulierte → *Effektgesetz* prägte die Entwicklung der Lernpsychologie in Amerika. Ab 1899 arbeitete Thorndike am Columbia Teachers' College und beschäftigte sich mehr mit Fragen des menschlichen Lernens, der Erziehung, der Intelligenzmessung und des → *verbalen Lernens.*
W. Werke: *Animal Intelligence. An Experimental Study of the Associative Processes in Animals*, 1898; *Mental Social Measurements*, 1904; *The Psychology of Learning*, 1913; *The Psychology*

of Arithmetic, 1922; *The Measurement of Intelligence*, 1926; *The Fundamentals of Learning*, 1932; *The Psychology of Wants, Interests and Attitudes*, 1935; *Man and his Work*, 1943.

Thurstone, Louis Leon

* 29. 5. 1887 in Chicago, † 29. 9. 1955 in Chapel Hill. Studierte zunächst Elektrotechnik an der Cornell University und dann Psychologie in Chicago und am Carnegie Institute of Technology. Ab 1924 Professor für Psychologie an der University of Chicago. Befaßte sich mit experimenteller Lernforschung und später in erster Linie mit Psychometrie und Intelligenzforschung.
W. Werke: *The Vectors of Mind*, 1935, *Primary Mental Abilities*, 1938; *A Factorial Study of Perception*, 1944; *Multiple Factor Analysis*, 1947; *An Analytical Method for Simple Structure*, 1954; *A Method of Factoring without Communalities*, 1955; *The Measurement of Values*, 1959.

Tierpsychologie (animal psychology)

Ältere Bezeichnung für die Ethologie (→ *Verhaltensforschung*), die heute meist nur noch für jenes Teilgebiet der Ethologie verwendet wird, das sich im Sinne einer → *vergleichenden Psychologie* mehr mit individuellen (z. B. Dressur) als mit artspezifischen Aspekten des Tierverhaltens beschäftigt und z. B. häufig mit Zoo- oder Zirkustieren arbeitet.

Token (token)

Münze, Tauschwertsymbol. Objekte wie Münzen, Punkte, Spielmarken usw., die als generalisierte → *Verstärker* eingesetzt werden und von Zeit zu Zeit gegen selbstgewählte Güter, Leistungen oder Privilegien (→ *Eintauschverstärker*) eingetauscht werden können. *Token-Systeme* (token system) oder *Token-Ökonomie* (token economy) werden eingesetzt, um standardisierte Behandlungsprogramme auf ganze Personengruppen anwenden zu können (z. B. in Schulen, psychiatrischen Kliniken und Strafanstalten). Die Token werden dabei nach genau definierten, den betreffenden Personen bekannten Regeln für erwünschtes Verhalten verabreicht. Mit diesem Vorgehen können entscheidende Verhaltensänderungen herbeigeführt und aufrechterhalten werden.

Tokenbelohnung (token reward) → Eintauschverstärker

Tolman, Edward Chace

* 14. 4. 1886 in Newton (Massachusetts), † 19. 11. 1959 in Berkeley (California). Studium an der Harvard University und ab 1918 Professor an der University of California in Berkeley. Gilt als einer der namhaftesten Vertreter des Neobehaviorismus und der amerikanischen Lernpsychologie. Er wurde bekannt durch seine Untersuchungen über Lernen und zielgerichtetes Verhalten (→ *Verhalten, zielorientiertes*) sowie seiner daraus entwickelten → *kognitiven Lerntheorie.*
W. Werke: *Purposive Behavior in Animals and Men*, 1932; *Drives Toward War*, 1942; *Collected Papers in Psychology*, 1951.

Transfer (transfer)

Übungsübertragung, Übertragung. Einwirkung eines vorangegangenen Lernprozesses auf einen nachfolgenden (vgl. → *Generalisierung*). Handelt es sich dabei um eine Leistungsverbesserung, so bezeichnet man dies als *positiven Transfer.* Eine Beeinträchtigung oder → *Hemmung* der nachfolgenden Leistung dagegen wird als *negativer Transfer* bezeichnet (vgl. → *Hemmung, proaktive*). Der Begriff wird auch verwendet, um z. B. die Übungsübertragung von einer Hirnhälfte auf die andere (interhemisphärer Transfer), bzw. von einer Hand auf die andere (intermanueller Transfer) oder von einem Auge auf das andere (interokularer Transfer), anzugeben.

Transpositionsverhalten (transposition behavior)

Reaktion auf die Beziehungen zwischen Reizen und nicht auf ihre absoluten Eigenschaften beim → *Unterscheidungslernen.* Transposition ist z. B. vorhanden, wenn ein Organismus gelernt hat, den kleineren von zwei Kreisen zu wählen, und wenn er diese Strategie auf eine neue Situation übertragen kann, in welcher der ursprünglich belohnte kleinere Kreis mit einem noch kleineren dargeboten wird, der jetzt in dieser neuen Situation belohnt wird.

Trieb (drive, D)

Antrieb. Allgemein die Energie, die den Organismus antreibt, ein → *Bedürfnis* zu befriedigen oder einen Bedarf zu reduzieren. Wird auch als Synonym für → *Motivation* verwendet. *Primäre Triebe* wie Hunger und Durst sind ungelernte, natürliche Energien und beruhen auf physiologischen Prozessen. *Sekundäre Triebe* dagegen sind erworben und basieren auf der Koppelung mit primären Trieben. Im System von C. L. → *Hull* ist Trieb eines der 4 Grundkonstrukte neben → *Reaktionspotential*, → *Gewohnheitsstärke* und → *Hemmungspotential*, welche am Konditionierungsprozeß (→ *Konditionierung*) beteiligt sind. Trieb ist dabei ein allgemeiner Organismuszustand, der als *Triebniveau* bezeichnet wird und dessen Verringerung verstärkend (→ *Verstärkung*) wirkt.
B. F. → *Skinner* benutzt den Begriff als quantitatives Maß für das durch einen Entzugszustand bedingte Triebniveau (z. B. Dauer einer Futterdeprivation, → *Deprivation*).

Triebniveau (drive level) → Trieb

Triebreduktion (drive reduction) → Verstärkung

Triebreiz (drive stimulus, S_d, S_D)

Nach C. L. → *Hull* ein durch einen Triebzustand bedingter, meist innerer Reiz, der als mehr oder weniger unmittelbarer Mitauslöser für eine bestimmte Handlung betrachtet wird (vgl. → *Motivation*).

Tunner, Wolfgang

* 29. 10. 1937 in Köflach (Österreich). Psychologiestudium an der Universität Wien. Studienaufenthalt an der Temple University Philadelphia. Seit 1967 wissenschaftlicher Assistent an der klinischen Abteilung des Psychologischen Instituts der Universität München, seit 1974 Privatdozent an der Universität München.
Arbeitsgebiet: Therapieforschung: Psychophysiologische Verlaufsstudien im Bereich der sozialen Angst. Experimentelle Analysen des Abwehrverhaltens.
W. Werke: »Angst, Angstabwehr und ihre therapeutische Modifikation«, in: L. Pongratz (Hrsg.), *Handbuch der Klinischen Psychologie*, Bd. 1, 1975; »Abhandlungen zur Behandlung neu-

rotischer Ängste«, in: I. Florin und W. Tunner (Hrsg.), *Therapie der Angst, Systematische Desensibilisierung*, München 1975; »Analyse und Modifikation des Stotterns«, in: Ch. Kraiker (Hrsg.), *Handbuch der Verhaltenstherapie*, München 1974.

Überlernen (overlearning)

Lernen, bei dem das Üben nach Erreichen des gesetzten Lernkriteriums bzw. nach dem Zeitpunkt der fehlerlosen Wiedergabe des Lernstoffes weitergeführt wird (vgl. → *Leistung*).

Übertragung (transfer) → Transfer

Übung (practise)

Wiederholtes Vollziehen bestimmter → *Reaktionen* oder Handlungen mit dem Zweck, diese zu erlernen. Erfolgt dieser Vorgang in kurzen, meist regelmäßigen Intervallen, bezeichnet man dies als *massierte* oder *gedrängte Übung* (massed practice). Liegen dagegen größere Intervalle zwischen den einzelnen Versuchsdurchgängen (→ *Versuch*) oder Übungsabschnitten, so spricht man von *verteilter Übung* (spaced practice).

Übung, negative (negative practise)

Absichtliches Wiederholen und Üben eines unerwünschten Verhaltens, um dieses zu verlernen. Dieses Verfahren wird hauptsächlich bei Sprachstörungen oder motorischen Stereotypien (Tics) angewendet. Der Patient soll z. B. sein unfreiwilliges Stottern zunächst in möglichst ähnlicher Weise absichtlich imitieren und es dann richtiggehend üben. Hat er es schließlich unter bewußte Kontrolle gebracht, so fällt es ihm leichter, die störende Verhaltensweise wegzulassen.

Ullmann, Leonard Paul

* 28. 5. 1930 in New York. Psychologiestudium an der Stanford University. Gegenwärtig Professor für Psychologie an der University of Hawaii in Honolulu.
Arbeitsgebiet: Verhaltenstherapie, soziopsychologische Modelle von Verhaltensstörungen und von sozialem Wandel.
W. Werke: *Case Studies in Behavior Modification*, New York 1965 (Hrsg. mit L. → *Krasner*); *Research in Behavior Modifica-*

tion, New York 1965 (Hrsg. mit L. Krasner); *Institution and Outcome,* 1967; *A Psychological Approach to Abnormal Behavior,* [2]1975; *Behavior Influence and Personality,* 1973 (mit L. Krasner).

Umkehrlernen (reversal learning)

Experimentelles Spezialverfahren beim → *Unterscheidungslernen.* Die belohnte Antwort, die meist aus einer von zwei möglichen Reaktionen besteht, wird dabei nach einem bestimmten Übungsaufwand bzw. nach Erreichen eines bestimmten Lernkriteriums (vgl. → *Leistung*) zur unbelohnten und die vorher unbelohnte Reaktion zur belohnten. Nach gewissen anfänglichen Umstellungsschwierigkeiten zeigen höhere Tiere wie Säuger mit zunehmenden Umkehrungen desselben Problems (*sukzessives Umkehrlernen*) eine sukzessive Leistungssteigerung.

Unabhängige Variable (independent variable) → Variable

Unkonditioneller Reiz (unconditioned stimulus, US, UCS) → Konditionierung, klassische

Unkonditionierte Reaktion (unconditioned reaction, UR, UCR) → Konditionierung, klassische

Unterscheidungslernen (discrimination learning)

Prozeß, der bei der → *Konditionierung* stattfindet, wenn zwei oder mehrere → *Reize* verwendet werden und → *Verstärkung* nur bei einem bestimmten Reiz (positiver Reiz), nicht aber bei anderen Reizen (negative Reize) erfolgt. Das Unterscheidungslernen wirkt der Generalisierungstendenz (→ *Reizgeneralisierung*) entgegen (vgl. → *Diskrimination,* → *Reizdiskrimination*).

Unterscheidungslernen, fehlerloses (errorless discrimination learning)

Von H. S. → *Terrace* eingeführte Methode zum → *Unterscheidungslernen,* wobei der → *negative Reiz* (S^D) allmählich eingeblendet (→ *Einblenden*) wird und erst dann in voller Stärke auftritt, wenn die Reaktion auf den positiven Reiz (S^D, → *Reiz, diskriminativer*) bereits voll ausgebildet ist. Eine Reaktion auf den negativen Reiz findet hierbei überhaupt nicht statt.

Unterscheidungsreiz (discriminative stimulus, S^D) → Reiz, diskriminativer

Unterstützungssitzung (booster session)

Zu einem späteren Zeitpunkt nach Abschluß einer Therapie durchgeführte Sitzung, die den Effekt der früheren Behandlung unterstützen bzw. auffrischen soll.

Variable (variable)

Ein beobachtbarer Faktor, dessen Quantität entweder in einzelnen Schritten oder kontinuierlich zu- bzw. abnehmen kann, ohne sich anderwärtig zu verändern. Variable, die vom Experimentator unabhängig von allen anderen Variablen verändert werden, heißen *unabhängige Variable* (independent variable). Jene Faktoren, die in Abhängigkeit von den Veränderungen der unabhängigen Variablen untersucht werden, bezeichnet man als *abhängige Variable* (dependent variable). In der Lernpsychologie werden die äußeren Bedingungen (S-Variable, Stimulus-Variable), die → *Verhalten* determinieren können, als unabhängige Variable betrachtet, die Organismus- (O-Variable) und Reaktions-Variablen dagegen als abhängige Variable. Nicht beobachtbare, sondern nur indirekt erschließbare Organismus-Variable, die zwischen → *Reiz* und → *Reaktion* vermitteln (vgl. → *Vermittlungstheorie*), werden als intervenierende Variable bezeichnet. Sie haben meist eine spezifische und beschränkte operationale Bedeutung und können mit Hilfe von hypothetischen → *Konstrukten* erklärt werden.

Variabler Intervallverstärkungsplan, VI-Plan (variable interval schedule) → Verstärkungsplan

Variabler Quotenverstärkungsplan, VR-Plan (variable ratio schedule) → Verstärkungsplan

Verbale Konditionierung (verbal conditioning) → Konditionierung, verbale

Verbales Lernen (verbal learning) → Lernen, verbales

Verbundene Kontrolle (yoked control)

Verbundverfahren. Experimentelles Kontrollverfahren, bei dem ein Versuchstier oder eine Versuchsperson reaktionsabhängig verstärkt (→ *Verstärkung*) wird und ein zugeordnetes Kontrollsubjekt in einer identischen Versuchssituation unabhängig von seinem → *Verhalten* gleichzeitig dieselben Verstärkungen erhält.

Verdeckte Sensitivierung (covert sensitization) → Sensibilisierung, verdeckte

Verdecktes Verhalten (covert behavior) → Verhalten, verdecktes

Vergessen (forgetting)

Abnahme der Fähigkeit, gelernte Gedächtnisinhalte zu reproduzieren bzw. zu erinnern. Der Grad des Vergessens kann durch Gedächtnistests (→ *Gedächtnis*) ermittelt werden. Dem Kurz- und Langzeitgedächtnis entsprechend unterscheidet man kurzfristiges und langfristiges Vergessen. H. → *Ebbinghaus* beschrieb den Verlauf des langfristigen Vergessens als Vergessenskurve und wies nach, daß diese Kurve zunächst stark abfällt und dann allmählich asymptotisch wird. Vom Vergessen zu unterscheiden ist die → *Löschung* beim Konditionierungsprozeß (→ *Konditionierung*). Löschungsprozeduren unterdrücken ein bestimmtes Verhalten durch Nicht-Verstärkung, weshalb es durch → *Rekonditionierung* sofort wieder aufgebaut werden kann und nicht, wie im Falle von Vergessen neu gelernt werden muß.

Vergleichende Psychologie (comparative psychology)

Teilgebiet der experimentellen Psychologie, welches das Verhalten verschiedener Tierarten im Hinblick auf Analogien und Homologien untersucht. Kernpunkt ist nicht wie in der Ethologie (→ *Verhaltensforschung*) die Frage nach der Funktion bzw. den Überlebensvorteilen eines bestimmten Verhaltens für die betreffende Tierart, sondern das Bestreben, psychologische Probleme, die sich dem Menschen stellen, am Tiermodell zu untersuchen. Im Vordergrund stehen experimentelle Eingriffe, die sich am Menschen aus ethischen oder methodischen Gründen nicht durchführen lassen, und Untersuchungen über biologisch-psychologische Grundprobleme wie → *Lernen*, → *Gedächtnis*, → *Wahrnehmung*, Entwicklung, Genetik, → *Psychosomatik* usw. Die vergleichende Psychologie wurde in jüngster Zeit mehr und mehr zu einem Teilgebiet der → *physiologischen Psychologie*, weshalb heute dieser Begriff meist vorgezogen wird.

Verhalten (amerikan. behavior, engl. behaviour)

Allgemeine und umfassende Bezeichnung für alle beobachtbaren und mit Instrumenten feststellbaren (→ *Verhalten, offenes*), manchmal auch nur erschließbaren (→ *Verhalten, verdecktes*) Aktivitäten des lebenden Organismus, meist aufgefaßt als Reaktion auf bestimmte → *Reize* oder → *Reizmuster*, die auf den Organismus einwirken.
Im streng behavioristischen Sinne (→ *Behaviorismus*) wurde meist nur die Tätigkeit der Muskeln und Drüsen als Verhalten betrachtet. Heute zählt man aber zum Verhalten auch dazu, was und wie wir sprechen und schreiben und somit an denkerischer Tätigkeit hervorbringen, ferner wie wir uns nicht-verbal, d. h. durch Mimik, Gestik und Haltung, ausdrücken und verständlich machen (→ *Verhaltenswissenschaften*).

Verhalten, abergläubisches (superstitious behavior)

Von B. F. → *Skinner* eingeführte Bezeichnung für ein → *Verhalten*, das sich entwickeln kann, wenn wiederholt → *Belohnungen* unabhängig von den gezeigten → *Reaktionen* verabreicht werden (→ *Verstärkung, nicht-kontingente*). Skinner setzte hungrige Tauben in einen Versuchskasten (→ *Skinner-Box*), worin sie in regelmäßigen Zeitabständen Futter erhielten. Da die Tiere hungrig waren, bewegten sie sich im Käfig herum und entwickelten mit zunehmender Belohnungserfahrung ein ausgeprägtes Appetenzverhalten (→ *Verhalten, appetitives*). Irgendein unmittelbar vor der Futterabgabe zufällig gezeigtes Verhalten (→ *Verhalten, operantes*) wurde durch die nachfolgende Belohnung verstärkt (→ *Verstärkung*, vgl. → *Lernen in einem Lerndurchgang*). Die Tiere verhielten sich so, als ob sie z. B. durch kreisförmiges Herumgehen, Heben des Kopfes oder graziöses Spreizen der Flügel die Futterabgabe auslösen könnten. Diese Reaktion kann als Modellfall für die Einleitung von → *Verhaltensformung*, aber auch für Aberglauben betrachtet werden.

Verhalten, abweichendes (deviant behavior)

Abnormes Verhalten. Von einer sozial akzeptierten Norm (→ *Norm, soziale*) relativ stark abweichendes Verhalten. Verhalten dagegen, das sich kaum oder nicht allzu sehr vom Normalen unterscheidet, unter bestimmten Bedingungen aber unangebracht (→ *Anpassung*) ist und deshalb einem Individuum Schwierigkeiten bereitet, wird meist als → *Problemverhalten* bezeichnet.

Verhalten, appetitives (appetitive behavior)

Auf W. Craig zurückgehender und aus der Ethologie (→ *Verhaltensforschung*) stammender Begriff für → *Verhalten*, das Tiere zeigen, wenn sie aktiv eine auslösende Reizsituation (z. B. Futter) anstreben. Dieses Verhalten kann sich über lange Zeiträume erstrecken und endet meist als Folge einer konsumatorischen Endhandlung (→ *Zielreaktion*). Es tritt bei starkem → *Triebreiz* (z. B. Hunger) oder in Reizsituationen auf, die aufgrund früherer Erfahrungen mit → *Belohnungen* assoziiert (→ *Assoziation*) sind (→ *Belohnungserwartung*).

Verhalten, ausgelöstes (elicited behavior) → Verhalten, respondentes

Verhalten, emittiertes (emitted behavior) → Verhalten, operantes

Verhalten, emotionales (emotional behavior)

Weitgefaßte Klasse von artspezifischen → *Reaktionen*, die mehr oder weniger reizspezifisch auftreten und starken Gefühls- oder Trieberregungen (→ *Trieb*) zugeschrieben werden. Der Begriff wird meist erst dann verwendet, wenn mehrere Anzeichen einer → *Erregung* gemeinsam auftreten. Emotionales Verhalten (Synonym: affektives Verhalten) wird dem kognitiven bzw. dem rationalen Verhalten (→ *Kognition*) gegenübergestellt.

Verhalten, kognitives (cognitive behavior) → Kognition

Verhalten, offenes (overt behavior)

Verhalten, das für einen unabhängigen Beobachter direkt wahrnehmbar ist oder durch geeignete Maßnahmen, z. B. Registrierung physiologischer Prozesse wie etwa Blutdruckmessung sichtbar gemacht werden kann. Der Begriff offenes Verhalten wird als Gegenstück zum verdeckten Verhalten (→ *Verhalten, verdecktes*) verwendet, wobei beide Komponenten zusammen vorkommen können und nicht scharf gegeneinander abgrenzbar sind.

Verhalten, operantes (operant behavior)

Emittiertes Verhalten, Wirkverhalten. Von B. F. → *Skinner* eingeführter Begriff für Verhalten, das spontan emittiert, d. h. nicht durch identifizierbare → *Reize* ausgelöst wird und operant konditioniert (→ *Konditionierung, operante*) werden kann (vgl. → *Operant*). Der Begriff wird als Gegenstück zum respondenten Verhalten (→ *Verhalten, respondentes*) verwendet. Operantes Verhalten wurde ursprünglich vorwiegend von Psychologen untersucht, und man nahm an, es beschränke sich auf willkürliche → *Reaktionen*. Inzwischen zeigte sich jedoch, daß auch sog. autonome Körperfunktionen operant konditioniert werden können (→ *Biofeedback*).

Verhalten, respondentes (respondent behavior)

Antwort-Verhalten. Ausgelöstes Verhalten. Von B. F. → *Skinner* eingeführter Begriff für Verhalten, das durch bekannte → *Reize* zuverlässig ausgelöst und deshalb klassisch konditioniert (→ *Konditionierung, klassische*) werden kann (z. B. → *Reflexe*). Der Begriff wird als Gegenstück zum operanten Verhalten (→ *Verhalten, operantes*) verwendet. Ursprünglich wurde respondentes Verhalten vorwiegend von Physiologen (z. B. I. P. → *Pawlow*) untersucht. Man hatte angenommen, es umfasse bloß die Tätigkeit von glatter Muskulatur und Drüsen und werde deshalb ausschließlich durch das autonome Nervensystem gesteuert. Diese Ansicht erwies sich jedoch als unzutreffend, denn besonders die → *Verhaltensforschung* konnte zeigen, daß es auch komplexe angeborene Verhaltensmuster gibt, die durch Reize zuverlässig ausgelöst werden.

Verhalten, spontanes (spontaneous behavior)

Verhaltensweisen, die ohne sichtbaren äußeren → *Reiz* bzw. ohne spezifischen inneren Antrieb (→ *Trieb*, → *Motivation*) auftreten und deshalb nicht als → *Reaktionen* bezeichnet werden können.

Verhalten, verbales (verbal behavior)

Allgemein jedes Verhalten, das sich der Sprache bedient, sei es durch eigentliches Sprechen (→ *Verhalten, offenes*), durch inneres Sprechen (→ *Verhalten, verdecktes*) oder durch Niederschrift. Manchmal wird auch die Reaktion auf Gesprochenes oder Geschriebenes miteinbezogen. Bei J. B. → *Watson* ist verbales Verhalten, neben manuellen und emotionalen (viszeralen) Gewohnheiten, eines der drei den Menschen gegenüber dem Tier auszeichnenden Gewohnheitssysteme. Dadurch hat Watson eigentlich die von ihm abgelehnte Introspektion, d. h. die innere Erfahrung des einzelnen, bis zu einem gewissen Grade doch berücksichtigt. Manches, was früher durch die → *objektive Psychologie* als Introspektion abgelehnt wurde, wird heute als sog. verbales Verhalten.

Verhalten, verdecktes (covert behavior)

Verborgenes Verhalten. Verhalten, das nicht direkt beobachtbar ist und deshalb nur erschlossen werden kann. Meist kognitive Prozesse (→ *Kognition)* wie inneres Sprechen, Vorstellen, → *Denken,* Träumen usw., aber auch das Zuschauen und geistige Nachvollziehen einer Handlung beim → *Modellernen.* Der Begriff wird als Gegenstück zum offenen Verhalten (→ *Verhalten, offenes*) verwendet, wobei beide Komponenten zusammen vorkommen können und nicht scharf gegeneinander abgrenzbar sind.

Verhalten, vermittelndes (mediating behavior)

Verhalten, das zum Erreichen eines bestimmten Verhaltenszieles nicht unmittelbar notwendig ist, aber das zum Ziel führende Verhalten ermöglicht bzw. vermittelt, wie z. B. stereotype motorische Reaktionen (→ *Verhalten, abergläubisches*) zum Überbrücken einer bestimmten Wartezeit oder ein absichtliches Beschleunigen der Atmung, um die Herzschlagrate zu steigern.

Verhalten, zielorientiertes (goaldirected behavior, purposive behavior)

Zielgerichtetes Verhalten. Nach E. C. → *Tolman* ein Verhalten, das in erster Linie durch → *Belohnungserwartung* motiviert ist, aber im Gegensatz zum mehr allgemeineren und suchenden Appetenzverhalten (→ *Verhalten, appetitives*) aus einem erlernten → *Verhaltensmuster* besteht oder zum Erlernen eines solchen Musters führt. Der Begriff wird aber auch ganz umfassend für jedes Verhalten (z. B. auch geistige Tätigkeit) verwendet, das auf ein Ziel oder eine Zielvorstellung gerichtet ist (vgl. → *Antizipation*, → *Erwartung*).

Verhaltensdisposition (behavioral disposition)

Durch angeborene Eigenschaften bedingte Reaktionstendenz.

Verhaltensformel (behavioral equation)

Verhaltensgleichung. Formel, welche die Bedingungen zusammenfaßt, die zur Zeit eines bestimmten Verhaltens wirksam sind. Eine Verhaltensformel gibt somit an, welche Determinanten untersucht werden müssen, um ein bestimmtes Verhalten zu analysieren. Die wesentlichen Komponenten des Verhaltens werden meist als → *Reize* und → *Reaktionen* definiert. Als weitere wesentliche Faktoren kommen dazu: die biologische Ausstattung des sich verhaltenden Organismus, die Konsequenzen, die das Verhalten für den Organismus und seine Umwelt hat, und die Kontingenzverhältnisse (→ *Kontingenz*) zwischen dem Verhalten und seinen Konsequenzen.

Verhaltensformung (shaping)

Verhaltensausformung, sukzessive Annäherung. Lehrmethode, die bestimmte Teilreaktionen einer komplexen Handlung nach ihrem mehr oder weniger zufälligen Auftreten regelmäßig oder intermittierend verstärkt (→ *Verstärkung*) und so schrittweise das zu erlernende Verhalten ausformt. Jede → *Reaktion* in der gewünschten Richtung wird zunächst sofort verstärkt. »Sitzt« sie, so blendet man die Verstärkung graduell aus (→ *Ausblenden*) und verstärkt die nächste Teilreaktion. Die Methode wird z. B. verwendet, um ein Tier in einer → *Skinner-Box* überhaupt dazu zu bringen, für Futterbelohnung einen Hebel zu drücken. In diesem Falle wird zunächst jede Annäherung an den Hebel bereits mit Futter belohnt; wirkungsvoller ist dazu aber meist die Methode der → *Selbstformung*. Verhaltensformung ist ferner die klassische Methode zum Aufbau von neuem Verhalten in der Verhaltensmodifikation und wird auch beim → *Programmierten*

Unterricht angewendet, wo komplexe Handlungen oder komplizierter Wissensstoff in verstärkbare Teilkomponenten zerlegt werden.

Verhaltensforschung (ethology)

Ethologie, vergleichende Verhaltensforschung. Teilrichtung der Zoologie und der → *Verhaltenswissenschaften,* die mit biologischen Methoden auf vergleichender Basis tierisches Verhalten untersucht. Grundlage bildet die Evolutionstheorie von C. R. → *Darwin,* d. h. die Frage nach den Überlebensvorteilen (Funktion) der an Tieren oder Tiergesellschaften unter natürlichen Bedingungen beobachteten Verhaltensweisen. Trotz zahlreicher Untersuchungen seit Darwin wurde die Verhaltensforschung erst durch K. Lorenz zu einer selbständigen Wissenschaft, die auch den Humanwissenschaften die Beachtung der stammesgeschichtlichen Zusammenhänge des Verhaltens nahezulegen versucht und ihre eigene Forschung auch auf den Menschen ausdehnt (Humanethologie). *Verhaltensphysiologie* wird jene Richtung der Verhaltensforschung genannt, welche diejenigen physiologischen Vorgänge im Organismus untersucht, die für eine bestimmte Verhaltensweise verantwortlich sind bzw. sich unmittelbar in ihr äußern. Als Überbegriff für die vergleichend morphologische und kausalanalytisch-physiologische Richtung der Verhaltensforschung wird heute meist der Name Ethologie verwendet (vgl. → *Tierpsychologie,* → *physiologische Psychologie,* → *vergleichende Psychologie*).

Verhaltenskette (chain)

Verhaltensweisen, die so miteinander verknüpft sind, daß beim Auftreten des einen Verhaltens das nächste automatisch nachfolgt. Koppelung von Verhaltensweisen, z. B. häufig auftretendes mit auszubildendem Verhalten, kann für therapeutische Zwecke benützt werden.
Handelt es sich bei den verknüpften Verhaltensweisen um eine Reihe eigentlicher → *Reflexe,* wobei das Ablaufen des einen Reflexes den nächsten auslöst, so nennt man dies *Kettenreflex* oder *Reflexkette.*

Verhaltenskontrast (behavioral contrast)

Ein auf → *Induktion* beruhendes, beim → *Unterscheidungslernen* beobachtbares Verhalten, das sich darin äußert, daß Verstärkungsverminderung (→ *Verstärkung*) in Anwesenheit des einen Alternativreizes zur Erhöhung der → *Reaktionsrate* in Anwesenheit des anderen → *Reizes* führt.

Verhaltenskontrolle (behavioral control)

Beeinflussung und Kontrolle des Verhaltens durch Umweltbedingungen. Der extreme → *Behaviorismus* vertritt dabei die Ansicht, jedes → *Verhalten* lasse sich kontrollieren, d. h. durch → *Reize* auslösen oder unter sog. → *Reizkontrolle* (stimulus control) bringen, indem man entsprechende Kontingenzen (→ *Kontingenz*) herstellt und es dadurch konditioniert (→ *Konditionierung*).

Verhaltensmodifikation (behavioral modification)

Methode zur Korrektur von Verhaltensweisen, die von einer Mehrheit als sozial abweichend bewertet werden. Für die klinischen und psychiatrischen Anwendungsgebiete wird auch der Begriff → *Verhaltenstherapie* verwendet, für die Anwendung in Erziehung, Sozialarbeit und Gesellschaft der Oberbegriff *Verhaltensmodifikation.* Sie versucht, Verhalten (auch emotionales) des Menschen den sozialen Normen gemäß zu modifizieren, indem sie Erkenntnisse und Methoden der experimentellen Psychologie, speziell der → *Lernpsychologie* und der → *Sozialpsychologie* anwendet.

Verhaltensmuster (behavior pattern)

Verhaltensgefüge, Verhaltensweise, Verhaltensform. Reihe von einzelnen Reaktionen, die meist zusammen in einer bestimmten Sequenz vorkommen. Der Begriff wird vor allem verwendet, wenn man sich wie in der Verhaltensmodifikation mehr mit umfassenden Verhalteneinheiten als mit Einzelreaktionen befaßt.

Verhaltensphysiologie (neuro-ethology) → Verhaltensforschung

Verhaltensrepertoire (behavioral repertoire)

Gesamtheit aller Verhaltensweisen, die für ein bestimmtes Individuum oder eine bestimmte Tierart typisch sind.

Verhaltensstörungen (behavior disorders)

Allgemeine Bezeichnung für desorganisierte, gestörte und ungeordnete → *Verhaltensmuster* und entsprechend stark gestörte Anpassungsprozesse (→ *Anpassung*). Verhaltensstörungen können psychische, soziale, organische oder funktionelle Ursachen haben und relativ kurzzeitig oder auch chronisch sein. Der Begriff wird gleichbedeutend verwendet wie die Begriffe Geisteskrankheiten und abweichendes Verhalten (→ *Verhalten, abweichendes*).

Verhaltenstherapie (behavioral therapy)

Form der → *Verhaltensmodifikation,* die davon ausgeht, neurotische Störungen und andere Arten von → *Verhaltensstörungen* seien *erworben* und müßten deshalb von Lernprozessen abhängig sein. Die Verhaltenstherapie versucht deshalb, die Ergebnisse und Methoden der experimentellen Psychologie anzuwenden, um unangepaßte → *Verhaltensmuster* zu eliminieren oder zu reduzieren und angepaßte Verhaltensformen (→ *Anpassung*) zu erlernen. Dazu werden sowohl Konditionierungsprozesse (→ *Konditionierung)* als auch kognitive (→ *Kognition*) und andere vermittelnde Prozesse (→ *Verhalten, vermittelndes*) angewendet, die bei der Veränderung menschlichen Verhaltens eine Rolle spielen. Die Verhaltenstherapie stellt heute eher eine Sammlung von Methoden als eine bestimmte Therapieschule dar. Die wichtigsten davon sind: → *Desensibilisierung,* z. B. bei → *Phobien;* → *Aversionstherapie,* z. B. bei Alkoholismus und sexuellen Störungen; operante Konditionierung (→ *Konditionierung, operante),* z. B. beim → *Selbstsicherheitstraining;* → *negative Übung,* z. B. beim Stottern, und speziellen Techniken, z. B. Konditionierung auf Glockenton beim Bettnässen oder → *Biofeedback.*
Die Verhaltenstherapie versucht aber nicht nur unerwünschtes Verhalten zu ändern, sondern auch zu erklären. Sie wendet sich insbesondere gegen die Annahme, das Modell der klassischen Körpermedizin gelte auch für psychische Störungen. In der Körpermedizin bestehen kausale Beziehungen zwischen einer

Krankheitsursache (z. B. eine Infektion) und ihren Symptomen (z. B. Fieber). Wird eine somatische Krankheit richtig diagnostiziert, so ist die Behandlung gegeben; der weitere Krankheits- und Gesundungsverlauf läßt sich voraussagen. Die Verhaltenstherapie behauptet nun, bei psychischen Störungen sei die Situation viel komplexer und lasse sich nicht mit dem Modell der Körpermedizin erklären. Verhaltensstörungen seien in der Regel nicht monokausal bedingt, sondern das Ergebnis gestörter Interaktionen in einem sozialen Gefüge. Die Verhaltenstherapie beschäftigt sich deshalb mit diesen sozialen Interaktionen und den Erscheinungsformen von Störungen, die dabei entstehen können. Ihre Behandlungsmethoden richten sich direkt auf das beobachtbare gestörte Verhalten. Die theoretische Hauptkontroverse mit der → *Psychoanalyse* ist deshalb die Frage der → *Symptomverschiebung*.

Verhaltenstraining (behavioral rehearsal) → Verhaltensübung

Verhaltenstransposition (transposition behavior) → Transpositionsverhalten

Verhaltensübung (behavior rehearsal)

Verhaltenstraining. Von A. A. → *Lazarus* und J. → *Wolpe* eingeführte Technik für das → *Selbstsicherheitstraining*, bei der neue, selbstsichere Verhaltensweisen im Rollenspiel und mit Rollentausch geübt werden. Neben dem Übungseffekt, den das Ausprobieren neuer Verhaltensweisen in der sicheren therapeutischen Situation ergibt, kann sich auch → *Modellernen* einstellen (vgl. auch → *Replikationstherapie*).

Verhaltenswissenschaften (behavioral sciences)

Allgemeine Sammelbezeichnung für empirische Forschungsrichtungen innerhalb verschiedener Disziplinen (z. B. Psychologie, Soziologie, Anthropologie, Zoologie usw.), die sich alle mit dem Phänomen → *Verhalten* und vorwiegend mit menschlichem Verhalten beschäftigen. Gemeinsames Merkmal ist die dabei verwendete Untersuchungsmethode, die sich in möglichst großem Umfang auf das tatsächliche und beobachtbare Geschehen abstützt und versucht, durch interdisziplinäres Vorgehen die dem

Verhalten zugrunde liegenden physischen und psychischen Strukturen und Funktionen zu erkennen, zu verstehen und zu erklären. Forschungsobjekt der Verhaltenswissenschaft sind alle Äußerungen menschlicher Aktivität. Die moderne Verhaltenswissenschaft betrachtet das Verhalten als einen ganzheitlichen Systemprozeß von eher finaler als kausaler Art und verzichtet deshalb auch auf deterministische Verhaltensprognosen.

Verkettungsplan (chained schedule) → Verstärkungsplan

Vermeidung (avoidance)

Verhalten, das dazu verhilft, das Auftreten eines aversiven Reizes (→ *Reiz, aversiver*) bzw. einer angstauslösenden Situation abzuwenden. Vermeidungsverhalten kann als Angstreaktion interpretiert und durch geeignete Versuchsanordnungen, wie z. B. im → *Versuchsstand der bedingten Fluchtreaktion*, experimentell nachgewiesen werden.

Vermeidungsgradient (avoidance gradient)

Bezeichnet und beschreibt die Gesetzmäßigkeit, daß die Anziehungskraft (→ *Anreiz*) eines negativen Ziels mit zunehmender Nähe abnimmt und die Tendenz, sich davon wegzubewegen, stärker wird.

Vermeidungslernen (avoidance learning)

Eine Art Trainingsprogramm, bei dem der Organismus einen schmerzhaften → *Reiz* vermeiden kann, wenn er eine vorgeschriebene → *Reaktion*, die *Vermeidungsreaktion*, ausführt. In gewissen Versuchsanordnungen, wie z. B. beim → *Versuchsstand der bedingten Fluchtreaktion*, wird beim Ausbleiben der Vermeidungsreaktion ein andauernder aversiver Reiz verabreicht, dem das Tier z. B. durch Lokomotion entfliehen oder den es durch Niederdrücken eines Hebels beenden kann. Diese Reaktion wird im Unterschied zur Vermeidungsreaktion *Fluchtreaktion* genannt.

Vermeidungsreaktion (avoidance reaction, avoidance response) → Vermeidungslernen

Vermittelnde Assoziation (mediate association) → Assoziation, vermittelnde

Vermittelndes Verhalten (mediating behavior) → Verhalten, vermittelndes

Vermittlungstheorie (mediation theory)

Theorie der vermittelnden Prozesse. Von Osgood aufgestellte Theorie, die versucht, inneren Prozessen durch die Annahme vermittelnder → *Variablen* gerecht zu werden und so das nicht unmittelbar zugängliche Geschehen zwischen den von außen direkt beobachtbaren Reiz- und Reaktionsereignissen zu erfassen. Die Theorie unterscheidet zwei Arten von inneren Reizereignissen, nämlich solche, die mit dem äußeren Ereignis assoziiert (→ *Assoziation*) sind, und andere, die zwar ebenfalls mit dem Vorhandensein dieses Ereignisses assoziiert sind, aber nicht vollständig davon abhängen und deshalb auch spontan auftreten können. Die erste Klasse von → *Reizen* bildet den sog. objektgebundenen Teil des Reizmusters, die zweite Klasse die sog. ablösbaren Reizelemente. Beide Reizarten lösen sowohl objektgebundene als auch ablösbare Reaktionsmuster aus. Diese → *Reaktionen* bilden die repräsentativen Prozesse der Reizereignisse und können auch auftreten, wenn ein mit dem ursprünglichen Reiz assoziiertes Symbol dargeboten wird. Mit dieser Vermittlungshypothese wurde z. B. versucht, die Entwicklung von »Bedeutungen« oder verschiedene Besonderheiten des Sprachverhaltens zu erklären.
Die Vermittlungstheorie wurde mehrfach modifiziert, so z. B. durch J. → *Dollard* und N. E. → *Miller*. Diese Autoren betrachten verbale Reaktionen als hinweiserzeugende Reaktionen (nicht zu verwechseln mit → *Reiz, diskriminativer*) und nehmen an, Denken könne als eine Kette von verbalen Reaktionen beschrieben werden, die mit dem lauten Sprechen vergleichbar seien (vgl. → *Behaviorismus*). Mit diesem Ansatz kann komplexes verdecktes Verhalten (→ *Verhalten, verdecktes*) in → *Verhaltensketten* aufgegliedert werden; sein Ablauf läßt sich mit lerntheoretischen Modellen (→ *Lerntheorie*) beschreiben.

Verschachtelungsplan (interlock schedule) → Verstärkungsplan

Verstärker (reinforcer)

Verstärkungsmittel. Gegenstände (z. B. Futter, Süßigkeiten, Münzen, → *Token*), → *Reize* (z. B. elektrischer Schock, Licht, Wärme, Musik), → *Reaktionen* des Versuchsleiters oder Therapeuten (z. B. Lob, Anerkennung) oder Reaktionsmöglichkeiten (z. B. freier Ausgang, Arbeitspause), die zur → *Verstärkung* eingesetzt werden können (vgl. → *Verstärkung*, → *Belohnung*, → *Strafe*, → *Strafstimulus*).

Verstärkerentzug (response cost)

Reaktionsabhängiges Wegnehmen von positiven → *Verstärkern* wie Münzen, → *Token* oder Punkte als Form der Bestrafung (→ *Strafe*). Handelt es sich um Reizereignisse wie Entzug der sozialen Zuwendung oder Abschalten des Fernsehers als Strafe für unerwünschtes Verhalten, so ist Verstärkerentzug identisch mit *negativer Bestrafung* (→ *Strafstimulus*). Werden Reaktionsmöglichkeiten eingeschränkt, z. B. Wegweisen von der Spielgruppe und soziale Isolierung, so wird meist der Begriff → *Auszeit* verwendet. Die einzelnen Verfahren lassen sich aber nicht eindeutig voneinander abgrenzen.

Verstärkung (reinforcement)

Bekräftigung, Reinforcement. Allgemein eine Maßnahme, welche die Häufigkeit des Auftretens (→ *Reaktionsrate*) einer bestimmten Handlung, Reaktion oder Erregung erhöht bzw. aufrechterhält. Ob eine bestimmte Maßnahme ein Verstärker ist, kann also nur empirisch festgestellt werden. Verstärkung spielt eine zentrale Rolle in den verschiedenen → *Lerntheorien* und wird auf *Triebreduktion* (→ *Trieb*) und *Spannungsverminderung* (→ *Spannung*) zurückgeführt. Der Begriff umfaßt sowohl die Maßnahme des Verstärkens als auch den dadurch ausgelösten Prozeß. Er wird in erster Linie in Zusammenhang mit operanter und klassischer Konditionierung (→ *Konditionierung*) verwendet.

Bei der operanten Konditionierung (→ *Konditionierung, operante*) unterscheidet man *positive* und *negative Verstärkung*. Gemäß dem → *Effektgesetz* wird dabei reaktionsabhängig (→ *Kontingenz*) entweder ein → *Reiz* (z. B. Futter, → *Belohnung*) dargeboten, den der zu konditionierende Organismus als erstre-

benswert taxiert (positive Verstärkung), oder ein aversives Reizereignis (→ *Reiz, aversiver*) beseitigt bzw. reduziert (negative Verstärkung). Man nennt das resultierende Verhalten operant, weil es auf die Umwelt einwirkt, bzw. instrumentell, weil nur eine → *Reaktion* das verstärkende Ereignis hervorruft. Negative Verstärkung sollte von Bestrafung (→ *Strafe*) unterschieden werden, denn diese stellt eine → *Kontingenz* zwischen einem aversiven Reiz und einer Reaktion her. Die Wahrscheinlichkeit des Auftretens dieser Reaktion (→ *Reaktionsrate*) nimmt daraufhin ab und nicht – wie bei Verstärkung – zu.
Bei der klassischen Konditionierung (→ *Konditionierung, klassische*) ist Verstärkung das aufeinanderfolgende Darbieten eines konditionellen (CS) und unkonditionellen Reizes (UCS).

Verstärkung, episodische (episodic reinforcement)

Verstärkung, die im Unterschied zur konjugierten Verstärkung (→ *Verstärkung, konjugierte*) nur ab und zu, meist am Ende einer langen Verhaltenssequenz oder anläßlich eines besonderen Ereignisses, verabreicht wird, z. B. Gehaltszahlungen am Wochen- oder Monatsende oder Ersatzleistungen einer Versicherung bei einem Schadensfall. Die episodische ist von der partiellen Verstärkung (→ *Verstärkung, partielle*) zu unterscheiden, die im Zusammenhang mit operanter Konditionierung (→ *Konditionierung, operante*) eingesetzt wird und nicht die Verstärkung komplexer → *Verhaltensmuster,* sondern einer Sequenz identischer operanter → *Reaktionen* (→ *Operant,* → *Verhalten, operantes*) betrifft.

Verstärkung, intermittierende (intermittent reinforcement) → Verstärkung, partielle

Verstärkung, konditionierte (conditioned reinforcement) → Verstärkung, sekundäre

Verstärkung, konjugierte (conjugate reinforcement)

Kontinuierlich und in kleinen Einheiten dargebotene Verstärkung. Dadurch können komplexe Verhaltenssequenzen aufrechterhalten werden, z. B. soziale Interaktionen, deren Fortgang voraussetzt, daß ständig sozial wirksame Reaktionssequenzen emittiert werden, die der Partner erwidert. Die konjugierte wird als Gegenstück zur episodischen Verstärkung (→ *Verstärkung, episodische*) betrachtet und weist gewisse Ähnlichkeiten mit dem Prinzip der Reaktionsverkettung (→ *Verhaltenskette*) auf. Sie ist von der kontinuierlichen Verstärkung (→ *Immerverstärkung*) zu unterscheiden, die im Zusammenhang mit operanter Konditionierung (→ *Konditionierung, operante*) eingesetzt wird und nicht komplexe → *Verhaltensmuster* aufrechterhält, sondern einzelne relativ stereotype, operante Reaktionen (→ *Operant*) verstärkt.

Verstärkung, nicht-kontingente (free reinforcement)

Freie Verstärkung. Darbieten eines Verstärkers unabhängig vom gezeigten → *Verhalten.* Das Verfahren wird häufig zur Reaktivierung (→ *Aktivation*) und zum Abbrechen von Reaktionspausen (z. B. in der → *Skinner-Box*) verwendet. Häufige Wiederholung kann zu sog. abergläubischem Verhalten (→ *Verhalten, abergläubisches*) führen. Eine spontan gezeigte Verhaltensweise (→ *Verhalten, spontanes*) tritt dabei zunehmend häufiger auf, als ob sie systematisch (d. h. reaktionsabhängig) verstärkt worden wäre.

Verstärkung, partielle (partial reinforcement)

Gelegentliche Verstärkung, intermittierende Verstärkung. Allgemeine Bezeichnung für die Tatsache, daß bei der → *Konditionierung nicht* jede → *Reaktion* bzw. jedes Darbieten des konditionellen Reizes CS verstärkt werden muß (vgl. → *Immerverstärkung*), um den gewünschten Lerneffekt zu erzielen. Die verschiedenen Arten von partieller Verstärkung werden in sog. Verstärkungsplänen (→ *Verstärkungsplan*) beschrieben.

Verstärkung, primäre (primary reinforcement)

Verabreichen von solchen verstärkenden → *Reizen*, auf die jedes Lebewesen der betreffenden Art ohne vorangegangenes Lernen, d. h. frühere → *Assoziation* mit anderen → *Verstärkern*, anspricht (z. B. Futter bei hungrigen Tieren, Elektroschock). Das Gegenstück zur primären Verstärkung ist die sekundäre oder konditionierte Verstärkung (→ *Verstärkung, sekundäre*).

Verstärkung, sekundäre (secondary reinforcement)

Bedingte Verstärkung, konditionierte Verstärkung, Verstärkung zweiter Ordnung. Verabreichung von verstärkenden → *Reizen*, deren Wirksamkeit auf vorgängig erworbener Assoziation mit primärer Verstärkung (→ *Verstärkung, primäre*) beruht. Bietet man z. B. einem Versuchstier gemeinsam mit der Futtergabe einen neutralen Reiz dar, so kann dieser wie die Futtergabe selbst wirken, sofern → *Konditionierung* vorliegt. Die Unterscheidung zwischen primärer und sekundärer Verstärkung ist nicht immer eindeutig und deshalb nur dann sinnvoll, wenn im Konditionierungsexperiment die Wirkungslosigkeit des als neutral betrachteten Reizes zunächst geprüft wird, bevor man ihn mit primärer Verstärkung in Beziehung setzt und anschließend selbst als → *Verstärker* anwendet. Experimentelle Untersuchungen haben beträchtliche Unsicherheit darüber zurückgelassen, wie sekundäre Verstärkung funktioniert und wie man sie am besten einsetzt. Die sekundäre Verstärkung spielt aber im täglichen Leben eine nicht zu unterschätzende Rolle. In der → *Verhaltensmodifikation* versucht man, diesen Prozeß nützlich anzuwenden, indem man möglichst viele und verschiedene sekundäre Verstärker mit primären Verstärkern koppelt.

Verstärkung, stellvertretende (vicarious reinforcement)

Die → *Reaktionen* einer zu konditionierenden Person werden nicht direkt verstärkt, sondern diese schaut zu, wie stellvertretend ein bestimmtes → *Verhalten* einer andern Person (Modell) verstärkt wird. Unter geeigneten Bedingungen steigt dadurch die Wahrscheinlichkeit, daß der Beobachter in ähnlichen Situationen die am Modell beobachtete Reaktion zeigt. Die Vermittlung dieses kognitiven Lernprozesses wird als → *Modellernen* bezeichnet (vgl. auch → *Lernen, soziales*). Ähnliche Effekte können auch im Tierexperiment begrenzt erzeugt und untersucht werden.

Verstärkungsgradient (gradient of reinforcement)

Bezeichnet und beschreibt den Abfall der Verstärkungswirkung (→ *Verstärkung*), der eintritt, wenn das zeitliche Intervall zwischen → *Verhalten* und → *Verstärkung* vergrößert wird (→ *Verstärkungsverzögerung*). Der Verstärkungsgradient fällt dabei auch bei vorhandenen Belohnungshinweisen (→ *Reiz, diskrimi-*

nativer) bzw. antizipatorischen → *Zielreaktionen* steil ab, wenn die Zeitintervalle innerhalb eines kritischen Bereichs relativ groß ausfallen.

Verstärkungsmittel (reinforcer) → Verstärker

Verstärkungsplan (schedule of reinforcement, reinforcement schedule, reward schedule)

Verstärkungsfolge, Verstärkungsprogramm, Verstärkungsschema (siehe Abbildung auf Seite 148). Bezeichnung für die vor einem Versuch festgelegte bzw. in der Umwelt vorgefundenen Regeln, nach denen Reaktionen einer definierten Klasse verstärkt werden. Wird jede einzelne Reaktion verstärkt, bezeichnet man dies als *kontinuierliche Verstärkung* (continuous reinforcement, CRF), oder → *Immerverstärkung*. Wird dagegen eine → *Reaktionsdifferenzierung* vorgenommen und eine operante Reaktion (→ *Operant*) nur noch verstärkt, wenn sie gewisse Bedingungen erfüllt, so handelt es sich um partielle Verstärkung (→ *Verstärkung, partielle*).
B. F. → *Skinner* entwickelte und analysierte zahlreiche solcher Verstärkungspläne. Dabei zeigte sich, daß der Organismus sich an die Verstärkungsstrategie anpaßt und sein Verhalten optimiert, weshalb die verschiedensten Tierarten wie auch der Mensch bei entsprechendem Verstärkungsplan jeweils ein sehr ähnliches Verhalten zeigen.
Die wichtigsten Partialverstärkungspläne sind:

1. *Quotenpläne*
1.1. Feste Quotenverstärkung (fixed ratio reinforcement, FR): jede n-te Reaktion (z. B. jede zehnte) wird verstärkt. Diese »Akkordbelohnung« führt zu sehr hohen → *Reaktionsraten*. Bei großen Quoten (ab ca. 50 : 1) ergibt sich ein *Stufeneffekt*, indem nach einer Verstärkung jeweils eine Reaktionspause eintritt, was mit angesammelter Hemmung (→ *Hemmung, reaktive*) erklärt wird.
1.2. Variable Quotenverstärkung (variable ratio reinforcement, VR): Im Durchschnitt wird jede n-te Reaktion verstärkt; die zu erbringende Quote variiert jedoch nach einer bestimmten Zufallsreihe von Verstärkung zu Verstärkung. Auch hier ist die Reaktionsrate hoch; es zeigt sich jedoch kein Stufeneffekt.

2. *Intervallpläne*

2.1. Feste Intervallverstärkung, gleiche Zeitspannenfolge (fixed interval reinforcement, FI): Die erste Reaktion, die nach Ablauf eines festgesetzten Intervalls (z. B. 1 Minute) auftritt, wird verstärkt. Vorher abgegebene Reaktionen dagegen bleiben unverstärkt. Das nächste Intervall beginnt meist zum Zeitpunkt der letzten Verstärkung. Dieser Verstärkungsplan ergibt einen typischen *Stufeneffekt.* Nach einer Verstärkung wird jeweils eine Reaktionspause eingeschaltet; erst gegen Ende des Intervalls treten wieder Reaktionen auf.

2.2. Variable Intervallverstärkung (variable interval reinforcement, VI): Ähnlich wie die FI-Pläne. Die Zeitintervalle, die jeweils bis zur nächsten Verstärkungsmöglichkeit verstreichen müssen, variieren jedoch um einen festgelegten Durchschnittswert. Dieser Verstärkungsplan führt zu einer relativ hohen, konstanten Reaktionsrate (kein Stufeneffekt) mit großer → *Löschungsresistenz.*

2.3. Aperiodische Verstärkung (aperiodic reinforcement): Ähnlich wie der VI-Plan. Die Intervalle sind jedoch relativ groß und unregelmäßig lang. Dieser Verstärkungsplan führt zu einer sehr beständigen Reaktionsrate mit großer → *Löschungsresistenz.*

3. *Differentielle Verstärkungspläne*

(Bei diesen Plänen ist die Verstärkung abhängig vom zeitlichen Verteilungsmuster der Reaktionen.)

3.1. Differentielle Verstärkung geringer Häufigkeit (differential reinforcement of low rates, DRL): Eine Reaktion wird nur dann verstärkt, wenn seit der letzten Reaktion mindestens ein bestimmtes Zeitintervall verstrichen ist. Mit jeder zu früh abgegebenen Reaktion beginnt die zu erbringende minimale Wartezeit wieder von vorne. Als Kriterium kann statt einer einzigen Reaktion auch eine bestimmte Höchstzahl von Reaktionen verwendet werden.

3.2. Differentielle Verstärkung großer Häufigkeit (differential reinforcement of high rates, DRH): Eine Reaktion wird nur dann verstärkt, wenn vorgängig in einem vorgeschriebenen Zeitintervall eine bestimmte Mindestzahl von Reaktionen aufgetreten ist, wobei diese Zeitintervalle sukzessive aufeinanderfolgen und nicht verschiebbar sind.

3.3. Differentielle Verstärkung anderen Verhaltens (differential reinforcement of other behavior, DRO): Eine Verstärkung wird nur abgegeben, falls eine bestimmte Reaktion während einer gewissen Zeit *nie* gezeigt wird. Ein Kind kann z. B. immer dann belohnt (→ *Belohnung*) werden, wenn es während der letzten 6 Tage nie eingenäßt hat.

4. *Komplexe Verstärkungspläne*
(Dabei werden jeweils mehrere Bedingungen für Verstärkung gesetzt bzw. mehrere Verstärkungspläne miteinander kombiniert.)

4.1. Tandemplan (tandem schedule, tand): Eine Verstärkung tritt erst ein, wenn die Bedingungen von 2 Plänen nacheinander erfüllt werden. So heißt z. B. »tand FR 30 FI 1-Min«, daß nach 30 Reaktionen ein 1-Minuten-Intervall beginnt und dann die erste Reaktion nach dessen Ablauf verstärkt wird.

4.2. Verkettungsplan (chained schedule, chain): Besteht wie ein Tandemplan aus Teilprogrammen, wobei diese aber durch verschiedene Signalreize (z. B. rotes und blaues Licht) angezeigt werden. Die Verstärkung erfolgt auch hier erst nach Erfüllung des Gesamtprogramms; die Unterprogramme sind aber leichter zu erkennen.

4.3. Alternativplan, Vorzugsfolge (alternative schedule, alt): Umfaßt 2 Programme. Dabei erfolgt die Verstärkung jeweils nach der Alternativbedingung, die zuerst erfüllt wird; z. B. »alt FR 100 FI 2-Min« bedeutet: Verstärkung nach 100 Reaktionen, falls innerhalb von 2 Minuten abgegeben, oder: Verstärkung der ersten Reaktion nach Ablauf von 2 Minuten seit der letzten Verstärkung. Alternativpläne werden in der Verhaltensmodifikation etwa eingesetzt, um die Verstärkungschance zu erhöhen bzw. eine minimale Verstärkungsrate zu gewährleisten.

4.4. Konjunktivplan, Doppelfolge (conjunctive schedule, conj): Die Bedingungen von 2 Plänen müssen gleichzeitig erfüllt sein. So tritt z. B. im Plan »conj FR 50 FI 1-Min« die Verstärkung frühestens nach 1 Minute und nach 50 Reaktionen ein.

4.5. Verschachtelungsplan (interlocked schedule, interlock): Das Verhältnis zwischen der Anzahl von Reaktionen und Verstärkungen nimmt bei diesem Plan stetig ab, indem die pro Verstärkung erforderliche Anzahl der Reaktionen jeweils mit zunehmender *Zeit* nach der letzten Verstärkung kleiner wird. Es lohnt sich bei diesem Plan also nicht, allzu häufig zu reagieren, weil in diesem Falle für die einzelne Verstärkung mehr Reaktionen erforderlich sind, als wenn diese über einen größeren Zeitraum verteilt werden.

4.6. Multipler Plan (multiple schedule, mult): Die Verstärkung erfolgt gemäß zwei oder mehreren Plänen, die meist in ei-

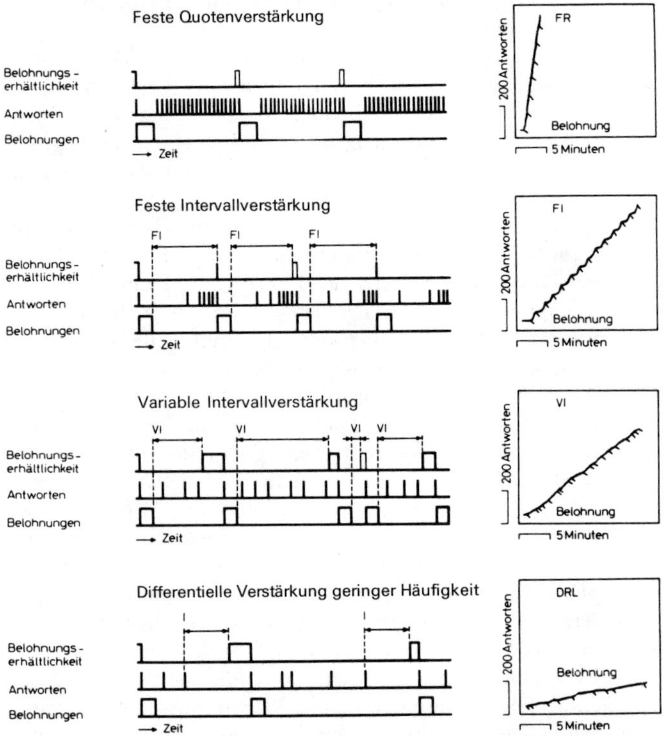

Verstärkungsplan: FR-, FI-, VI und DRL-Verstärkungsplan. Der linke Bildteil veranschaulicht die zeitlichen Zusammenhänge zwischen Belohnungserhältlichkeit, Reaktion des Versuchstiers (Antwort) und Belohnung. Der rechte Bildteil zeigt typische Arbeitskurven von Tauben auf den entsprechenden Verstärkungsplänen.

ner Zufallsreihe aufeinanderfolgen. Die Teilpläne werden jeweils durch verschiedene Signalreize angezeigt.

4.7. Mischplan, gemischter Plan (mixed schedule, mix): Wie ein multipler Plan. Es werden aber während der verschiedenen Teilpläne keine entsprechenden Signalreize dargeboten. Der Übergang von einem Plan zum andern kann nur aus der Verteilung der Verstärkungen erschlossen werden.

4.8. Konkurrierende Pläne (concurrent schedules, conc): Zwei unabhängig voneinander dargebotene Verstärkungspläne wirken gleichzeitig und führen, jeder für sich, zu Verstärkungen.

Verstärkungsverzögerung (delay of reinforcement)

Verzögertes Darbieten einer Verstärkung nach einer → *Reaktion.* Die Wirkung der Verstärkung nimmt dabei ab. Dieser Abfall kann als → *Verstärkungsgradient* ausgedrückt werden. Verstärkungsverzögerung kann auch durch Verzögerung der konsumatorischen Endhandlung (→ *Zielreaktion*) herbeigeführt werden, indem man z. B. einem Versuchstier in einer Ziel-Box das Futter zeigt, es jedoch daran hindert, das Futter sofort aufzunehmen. Diese Versuchsanordnung ergibt eine Art verzögerter oder aufgeschobener Reaktion (→ *Reaktion, verzögerte*).

Versuch (trial)

Durchgang, Lerndurchgang. Bezeichnung für einen einzelnen Versuch beim Bewältigen eines Lernproblems bzw. einen einzelnen Versuchsdurchgang in einer Serie von Versuchsdurchgängen. Bei Verhaltenstests, die eine lokomotorische Reaktion verlangen (z. B. → *Labyrinth*), wird für den einzelnen Durchgang meist das Wort *Lauf* verwendet, bei Wahlsituationen das Wort → *Wahl.* Der englische Begriff »trial« bezeichnet häufig auch die in einem Versuchsdurchgang gezeigte → *Leistung.*

Versuch-Irrtums-Lernen (trial and error learning) → Lernen durch Versuch und Irrtum

Versuchsstand der bedingten Fluchtreaktion (shuttle box)

Experimentelle Versuchsanordnung, die zum Studium von → *Vermeidungslernen* verwendet wird (siehe Abbildung). Der

Versuchsstand besteht aus zwei Abteilen, die beide mit einem elektrifizierbaren Gitterboden versehen sind. In regelmäßigen Zeitabständen wird in dem Abteil, worin sich das Versuchstier gerade befindet, als Signalreiz (CS) ein Licht angezündet und ein paar Sekunden später als UCS der Fußboden elektrisch geladen. Durch den Schock aufgeschreckt, flieht das Tier auf die andere Seite. Diese unbedingte Reaktion wird als *Fluchtreaktion* bezeichnet. Der einzelne Durchgang (→ *Versuch*) wird durch Abschalten von CS und UCS jeweils beendet, sobald das Tier auf der Gegenseite ankommt. Es lernt nun bald, daß es den Schock vermeiden kann, wenn es schon beim Auftreten des Signalreizes auf die andere Seite hinüberwechselt, was als *bedingte Fluchtreaktion* oder als *Vermeidungsreaktion* (→ *Vermeidung*) bezeichnet wird. Gemessen werden üblicherweise die Anzahl der Flucht- und Vermeidungsreaktionen sowie die Latenzzeiten (→ *Latenz*) der Vermeidungsreaktionen.

Versuchsstand der bedingten Fluchtreaktion: Um elektrische Schocks zu vermeiden, muß das Versuchstier innerhalb einer bestimmten Zeitspanne nach Aufleuchten der Lampe in das dunkle Abteil fliehen, da der Fußboden des hellen Abteils elektrisch geladen wird.

Verteilte Übung (spaced trials) → Übung

Vertragliches Management (contract management)

Technik der Verhaltensmodifikation, durch eine Übereinkunft die Verhaltensweisen von Therapeut und Klient kontingent (→ *Kontingenz*) zu machen. Die beiden Parteien handeln einen Vertrag aus, der vom Klienten spezifische Verhaltensweisen (→ *Verhalten*) fordert, deren Ausführung der Therapeut mit im voraus festgelegten → *Verstärkungen* belohnt (→ *Belohnung*). Dieser Vertrag soll es dem Klienten erleichtern, → *Selbstkontrolle* über das eigene Verhalten zu gewinnen.

Verzögerte Reaktion (delayed response) → Reaktion, verzögerte

Vigilanz (vigilance)

Neurologisch-physiologische Bezeichnung für erhöhte Reaktionsbereitschaft bzw. psychische Wachheit, die durch → *Aktivations-Mechanismen* hervorgerufen wird. Der Begriff ist ein Synonym von → *Aufmerksamkeit.*

Vorbereitungsreaktion (preparatory response)

Jede → *Reaktion,* die entweder nicht direkt bedürfnisbefriedigend (→ *Bedürfnis*) wirkt, d. h. keine → *Zielreaktion* darstellt oder nicht unmittelbar zielgerichtet ist, jedoch mit zielgerichteter → *Aktivität* in Beziehung steht. Dabei werden zwei Arten von Vorbereitungsreaktionen unterschieden. Bei der ersten handelt es sich um einen aufmerksamen (→ *Aufmerksamkeit*) Bereitschaftszustand für einen noch unbestimmten → *Reiz,* der weitere Reaktionen auslösen kann. Bei der zweiten Art handelt es sich um ein vorbereitendes und zielgerichtetes Anpassungsverhalten (→ *Anpassung*), wobei der eine Zielreaktion herbeiführende Mechanismus bereits eingeleitet und tätig geworden ist (z. B. wenn ein Jagdhund eine verloren gegangene Spur sucht).

VTE (vicarious trial-and-error behavior) → symbolisches Versuch-Irrtum-Verhalten

Wahl (choice reaction)

Wahlhandlung. Entweder → *Reaktion* auf einen von zwei oder mehreren zur Auswahl dargebotenen → *Reizen* in einem → *Dis-*

kriminations-Experiment bzw. Entscheidung für eine von mehreren Reaktionsmöglichkeiten. Die Stelle, an der z. B. in einem T-Labyrinth (→ *Labyrinth*) das Tier sich entscheiden muß, ob es nun nach rechts oder links laufen soll, wird *Wahlpunkt* genannt. Die Verweildauer im Bereich des Wahlpunktes dient oft als Maß für den Schwierigkeitsgrad der Wahl bzw. der Entscheidung. Dabei kann häufig sog. → *symbolisches Versuch-Irrtum-Verhalten* (vicarious trial-and-error behavior, VTE) beobachtet werden.

Wahrnehmung (perception)

Umfaßt den Prozeß und das Ergebnis des Informationsgewinnes aus Umwelt- und Körperreizen (→ *Reiz*), einschließlich der damit verbundenen emotionalen Prozesse sowie der durch Erfahrung bzw. → *Lernen*, Einstellung und → *Denken* erfolgenden Modifikationen. Der physikalisch definierte Reizgegenstand bzw. die Reizkonstellation (→ *Reizmuster*) wird durch die Sinnesorgane (→ *Rezeptor*) in nervöse → *Erregungen* umgewandelt und ins Gehirn weitergeleitet. Dort entsteht eine komplexe, aus Sinnesempfindungen und Erfahrungskomponenten bestehende psychische → *Reaktion*, die als Wahrnehmung bezeichnet wird. Der Wahrnehmungsprozeß liefert keine objektive, sondern eine subjektive Wirklichkeit. Wir nehmen nicht die objektiv gegebenen Reize an sich wahr, sondern das, was unseren Bedürfnissen, Erwartungen und Erfahrungen entspricht.

Wahrscheinlichkeitsangleichung (probability matching)

Beim → *Wahrscheinlichkeitslernen* die im Verlaufe des Lernprozesses vollzogene Annäherung der prozentualen Verteilung der Reaktionen an die Wahrscheinlichkeit, mit der die Alternativen verstärkt (→ *Verstärkung*) werden bzw. zu einer → *Belohnung* führen.

Wahrscheinlichkeitslernen (probability learning)

Lernen von Wahrscheinlichkeiten. Eine Form von → *Unterscheidungslernen*, wobei in zufälliger Folge, abwechselnd in einem bestimmten Verhältnis, von zwei Reaktionsmöglichkeiten die eine oder andere → *Wahl* verstärkt wird (→ *Verstärkung*). Als Unterscheidungskriterium dient die unterschiedliche Verstärkungswahrscheinlichkeit der beiden Reaktionsmöglichkeiten. In dieser Situation bildet sich, je nach Versuchsanordnung und Organismus, meistens entweder eine → *Wahrscheinlichkeitsangleichung* oder eine ausschließliche Bevorzugung der Reaktionsalternative mit der größeren Verstärkungswahrscheinlichkeit *(Maximierung)* heraus.

Warnreiz (warning stimulus)

Ein konditioneller Reiz (CS), der einem aversiven Reiz (→ *Reiz, aversiver*) oder Ereignis vorangeht und dadurch Signalfunktion im Sinne der klassischen Konditionierung (→ *Konditionierung, klassische*) ausübt.

Watson, John Broadus

* 9. 1. 1878 in Greenville (South Carolina), † 25. 9. 1958 in New York City. Studium an der Furman University und an der University of Chicago. Ab 1908 Professor für experimentelle und vergleichende Psychologie an der Johns Hopkins University in Baltimore. 1920 verließ er die Universität und arbeitete bis 1945 in der Werbepsychologie. Watson begründete den → *Behaviorismus*. Seine kühnen Thesen und ihre publizistische Darstellung revolutionierten die amerikanische Psychologie und führten sie von der traditionellen Bewußtseinspsychologie weg zu einer empirischen Verhaltenswissenschaft. Auf dem Gebiet der Erziehung vertrat Watson eine extreme Milieutheorie, die von der Annahme ausgeht, daß die menschliche Entwicklung ausschließlich durch seine Umwelt bestimmt wird. Zusammen mit R. Rayner konnte er am Fall des kleinen Albert die Entstehung und Auflösung einer Phobie experimentell nachweisen, weshalb Watson neben I. P. → *Pawlow* zu den Vätern der modernen Verhaltenstherapie gehört.
W. Werke: *Psychology as a Behaviorist Views It*, 1913; *Behavior: An Introduction to Animal Psychology*, 1914; *Psychology from the Standpoint of a Behaviorist*, 1919; *Behaviorism*, 1925; *Psychological Care of Infant and Child*, 1928.
Lit.: Skinner, B. F.: »John Broadus Watson, Behaviorist«, in: *Science*, 1959, 129, 197–198; Woodworth, R. S.: »John Broadus Watson: 1878–1958«, in: *Amer. J. Psychol.*, 1959, 72, 301–310.

Wegkonditionierung (unconditioning) → Entkonditionierung

Weißes Rauschen (white noise)

Möglichst den ganzen Hörbereich umfassendes Geräusch, das z. B. in der → *Skinner-Box* verwendet wird, um das Versuchstier gegen äußere Störgeräusche abzuschirmen.

Wiedererkennen (recognition) → Gedächtnis

Wirkreaktion (operant) → Operant

Wirkverhalten (operant behavior) → Verhalten, operantes

Wisconsin-Versuchsstand (Wisconsin General Test Apparatus, WGTA)

Versuchsstand, der zum Studium der Fähigkeit des → *Unterscheidungslernens* bei Primaten verwendet wird (siehe Abbildung). Das Versuchstier hat zwischen zwei Objekten zu wählen (→ *Wahl*), wobei sich unter dem einen als → *Belohnung* z. B. eine Erdnuß befindet. Die Position des mit einem Köder versehenen Gegenstandes wechselt nach jeder Wahl entsprechend dem Zufallsprinzip. Durch Herablassen einer Trennscheibe kann das Versuchstier daran gehindert werden, vorzeitig zu reagieren.

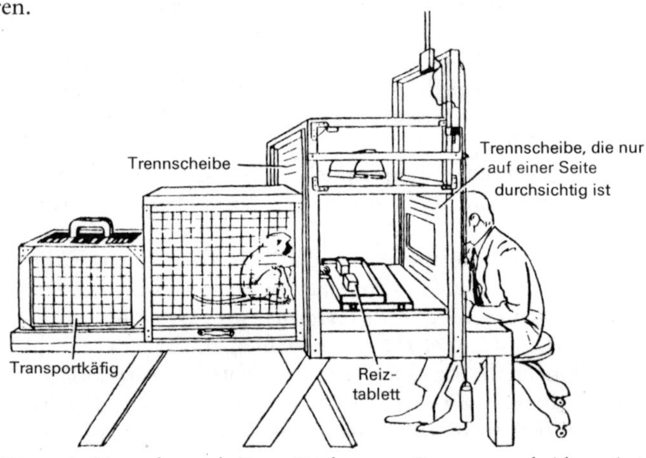

Wisconsin-Versuchsstand: Zum Prüfen von Formunterscheidung bei Primaten benutzter Wisconsin-Versuchsstand (nach: Harlow und Harlow, 1962).

Wolpe, Joseph

* 20. 4. 1915 in Johannesburg (Südafrika). Medizinstudium an der Universität Witwatersrand, Johannesburg. Berufliche Weiterbildung und psychiatrische Praxis in Südafrika, ab 1960 an verschiedenen Universitäten in den Vereinigten Staaten und zeitweise auch in England tätig, gegenwärtig Professor für Psychiatrie und Direktor der Abteilung für Verhaltenstherapie der Temple University Medical School und des Eastern Pennsylvania Psychiatric Institute in Philadelphia. Er spielte eine zentrale Rolle bei der Entwicklung der Verhaltenstherapie. Wolpe wies nach, daß durch Konfliktsituationen oder durch schmerzhafte Reize ausgelöste experimentelle Neurosen gelerntes Verhalten darstellen und leitete von diesen Experimenten eine allgemeine Neurosentheorie ab, die besagt, Neurosen seien festgefahrene, unangepaßte Gewohnheiten, die in → *Angst* erzeugenden Situationen durch Lernen erworben werden. Aufgrund der Beobachtung, daß experimentelle Neurosen durch Hervorrufen konkurrierender Reaktionen zunehmend verringert werden, wie z. B. Nahrungsaufnahme in Gegenwart von angstauslösenden Reizen neurotische Reaktionen schwächt, formulierte Wolpe die Theorie der reziproken Hemmung (→ *Hemmung, reziproke*) und entwickelte die systematische → *Desensibilisierung* und andere verhaltenstherapeutische Methoden, um neurotisches Verhalten zu eliminieren.
W. Werke: *Psychotherapy by Reciprocal Inhibition,* Stanford 1958; *The Practice of Behavior Therapy,* New York 1969; *Theme and Variations: A Behavior Therapy Casebook,* New York 1976.

Woodworth, Robert Sessions

* 17. 10. 1869 in Belchertown (Massachusetts), † 4. 7. 1962 in New York. Studierte Philosophie und Psychologie an der Harvard University bei W. → *James* und an der Columbia University bei J. McK. → *Cattell.* Studienaufenthalte in Edinburgh, Liverpool und Deutschland, wo er W. → *Wundt* traf. Von 1903 bis 1958 als Nachfolger von J. McK. Cattell Professor an der Columbia University. Er wurde vor allem durch seine Lehrbücher bekannt, die größtenteils zu psychologischen Standardwerken wurden, und entwickelte während dem Ersten Weltkrieg einen Persönlichkeitsfragebogen, das sog. Woodworth Personal Data

Sheet, um dienstuntaugliche Neurotiker herauszufinden. Vertrat einen weitgefaßten, pluralistischen → *Funktionalismus* und akzeptierte neben den mehr objektiven Methoden auch die → *Introspektion* als legitime psychologische Methode.
W. Werke: *Physiological Psychology*, 1911; *Dynamic Psychology*, 1918; *Psychology*, 1921; *Contemporary Schools of Psychology*, 1931; *Experimental Psychology*, 1938, revidierte Auflage 1954 (mit H. Schlosberg); *Dynamics of Behavior*, 1958.
Lit.: Poffenberger, A. T.: »Robert Sessions Woodworth: 1869–1962«, in: *Amer. J. of Psychol.*, 1962, 75, 677–692; Seward, G. H.: »Woodworth, the man: a »case history«, in: H. Georgene und J. P. Seward (Hrsg.): *Current Psychological Issues.* New York 1958.

Wundt, Wilhelm

* 18. 6. 1832 in Neckarau bei Mannheim, † 31. 8. 1920 in Großbothen bei Leipzig. Medizinstudium in Tübingen und Heidelberg. 1857 Privatdozent und ab 1864 Professor in Heidelberg. 1874 Lehrstuhl für induktive Philosophie an der Universität Zürich und von 1875 bis zu seinem Tode Professor in Leipzig. Gründete 1879 das erste Psychologische Institut der Welt und bildete viele frühe Pioniere der Psychologie aus den verschiedensten Ländern aus. Wundt gilt als Begründer der modernen Psychologie. Er baute sie nach dem Modell der Naturwissenschaft zu einer selbständigen Disziplin aus und stützte die psychologische Forschung auf Experiment und Beobachtung ab. Durch umfangreiche Lehrbücher stellte er den Wissensstand der Psychologie systematisch dar.
W. Werke: *Grundzüge der physiologischen Psychologie*, 1884; *Erlebtes und Erkanntes*, Stuttgart 1920.
Lit.: Feldmann, S.: »Wundt's psychology«, in: *Amer. J. of Psychol.*, 1932, 44, 615–629; Petersen, P.: *Wilhelm Wundt und seine Zeit.* Stuttgart 1924.

Yerkes, Robert Mearns

* 26. 5. 1876 in Bucks County (Pennsylvania), † 3. 2. 1956 in New Haven, Studium in Zoologie und Psychologie an der Harvard University. 1902–1917 Instruktor und später Professor in Harvard. Ab 1924 Professor an der Yale University und von 1930–1941 Leiter der »Yale Laboratories of Primate Biology« in Orange

Park, Florida. Yerkes gilt als einer der Begründer der → *vergleichenden Psychologie* und entwickelte zahlreiche Versuchsmethoden für vergleichende Verhaltensuntersuchungen am Tiermodell. Er führte zunächst Untersuchungen über aggressive Instinkte bei Katzen durch, formulierte 1908 das → *Yerkes-Dodson-Gesetz,* entwickelte während dem Ersten Weltkrieg mit Kollegen den »Army-Alpha-Test« zur Intelligenzmessung bei den Soldaten und führte schließlich umfangreiche Untersuchungen über das Verhalten von Schimpansen und Gorillas durch.
W. Werke: *The Dancing Mouse: a Study in Animal Behavior,* 1907; *Methods of Studying Vision in Animals,* 1911 (mit J. Watson); *Introduction to Psychology,* 1911; *Chimpanzee Intelligence and its Vocal Expressions,* 1925 (mit B. Learned); *The Mind of a Gorilla,* 1927, 1928; *The Great Apes,* 1929 (mit A. W. Yerkes); *Chimpanzees: A'Laboratory Colony,* 1943.

Yerkes-Dodson-Gesetz (Yerkes-Dodson-law)

Beschreibt den kurvilinearen Zusammenhang zwischen Antrieb (→ *Trieb*) bzw. → *Motivation* und → *Leistung,* der dadurch charakterisiert ist, daß sich jenseits eines bestimmten Optimums eine Erhöhung der Motivation leistungsvermindernd auswirkt.

Zeiteinschränkung (limited hold)

Zeitkontingent. Bedingung, die bei gewissen Verstärkungsplänen (→ *Verstärkungsplan*) zusätzlich eingeführt werden kann und verlangt, daß eine → *Reaktion* innerhalb einer bestimmten Zeitperiode erfolgen muß, damit sie verstärkt wird. Sonst beginnt der Zyklus von vorne, oder ein neuer Verstärkungsplan (z. B. bei komplexen Verstärkungsplänen) wird eingesetzt. Zeiteinschränkung wird z. B. bei DRL-Plänen (→ *Verstärkungsplan 3.1*) verwendet. Zunächst darf die Reaktion während einer gewissen Periode nicht erfolgen (z. B. bei »DRL 10«, 10 Sekunden lang), damit die Bedingung des DRL-Planes erfüllt wird; nachher darf man aber nicht allzu lange warten (z. B. nur 5 Sekunden), sonst geht die Verstärkungsmöglichkeit wieder verloren.

Zeitliche Summation (temporal summation) → Reaktionssummation, → Reizsummation

Ziel (goal)

Räumlicher oder gegenständlicher Bezugspunkt für das → *Verhalten,* der aus der Bewegungsrichtung des Organismus erschlossen werden kann und die konsumatorische Endhandlung oder Reaktion (→ *Zielreaktion*) auslöst, wenn er erreicht wird.

Zielgradient (goal gradient)

Bezeichnung für das Ansteigen von Reaktionsgeschwindigkeit und → *Reaktionsstärke* bei Annäherung an ein → *Ziel.* Bei Labyrinthversuchen (→ *Labyrinth*) wird als Maß für den Zielgradienten häufig auch das Absinken der Anzahl der Fehlentscheidungen von Wahlpunkt zu Wahlpunkt (→ *Wahl*) verwendet.

Zielorientiertes Verhalten (goal directed behavior) → Verhalten, zielorientiertes

Zielreaktion (goal reaction)

Konsumatorische Endhandlung, konsumatorische Reaktion. Endhandlung einer → *Verhaltenskette* beim Erreichen eines → *Ziels,* die zur Bedürfnisbefriedigung (→ *Bedürfnis*) führt. Im Tierversuch besteht die konsumatorische Endhandlung oder konsumatorische Reaktion meist im Verzehren des Futters durch das Versuchstier (z. B. in der Ziel-Box eines → *Labyrinths*). → *Reaktionen,* die zu Zielreaktionen hinführen, werden → *Vorbereitungsreaktionen* genannt. Im System von C. L. → *Hull* und K. W. → *Spence* als *fraktionelle antizipatorische* oder *antizipierende Zielreaktion* (fractional anticipatory goal response, fractional antedating goal response, r) ein hypothetischer, »reiner Reiz-Vorgang«, der zum Hervorrufen eines an der Steuerung des → *Verhaltens* beteiligten → *Reizes* dient. Er tritt nach vorangegangenem Erfolg (→ *Lernen durch Versuch und Irrtum*) als Zielreaktionsspur bereits zu Beginn einer Handlung oder Verhaltenssequenz auf und bewirkt eine Art Voraussicht des Ziels. *Fraktionelle Zielreize* (s_G) werden dadurch als Spuren reaktiviert (→ *Reizspur*), welche die Bedeutung von sekundären Verstärkern (→ *Verstärkung, sekundäre*) erhalten und die Weiterführung der Verhaltenssequenz bewirken. Die fraktionelle antizipatorische Zielreaktion dient im System von Hull und Spence zur Erklärung von latentem Lernen (→ *Lernen, latentes*), partieller

Verstärkung (→ *Verstärkung, partielle*) und des → *Zielgradienten.*

Zuhöreffekt (audience effect) → Lernen, soziales

Zuordnungstest (matching to sample test)

Versuchungsanordnung, die verlangt, daß derjenige → *Reiz* gewählt bzw. nicht gewählt wird, der mit einem vorher oder gleichzeitig dargebotenen Muster übereinstimmt. Dieser Test kann z. B. zum Prüfen der Unterscheidungsfähigkeit (→ *Unterscheidungslernen*) oder des Kurzzeitgedächtnisses (→ *Gedächtnis*) verwendet werden. Im letzteren Falle wird nach Wegnahme des Musters das Versuchstier eine bestimmte Zeitlang daran gehindert, seine → *Wahl* zu treffen (→ *Reaktion, verzögerte*).

Zwei-Faktoren-Theorie (two factor theory)

Zwei-Prozeß-Theorie. Von O. H. → *Mowrer* eingeführte Theorie, die annimmt, es gebe zwei Arten von Lernen, nämlich die klassische Konditionierung (I. P. → *Pawlow*, → *Konditionierung, klassische*) und die Gewohnheitsbildung (E. L. → *Thorndike*, C. L. → *Hull*), bzw. operante Konditionierung (B. F. → *Skinner*, → *Konditionierung, operante*). In neuerer Zeit erwies sich jedoch, daß sich diese beiden Formen der Konditionierung nicht scharf voneinander trennen lassen. Die zwei Grundfaktoren oder Grundprozesse, die seither meist betont werden, sind die positive Verstärkung bzw. Belohnung und die negative Verstärkung bzw. Bestrafung (→ *Belohnung*, → *Strafe*, → *Verstärkung*).

Die Zwei-Faktoren-Theorie des → *Vermeidungslernens* erklärt das Vermeidungsverhalten (→ *Vermeidung*) gegenüber aversiven Reizen (→ *Reiz, aversiver*). Wenn ein Organismus einen aversiven Reiz vermeidet, wird dieses Verhalten durch Nichtauftreten des aversiven Ereignisses verstärkt. Nach dieser Theorie wird die Situation, in welcher der aversive Reiz zum erstenmal auftrat, durch klassische Konditionierung mit dem aversiven Reiz assoziiert, wodurch diese Situation zu einem konditionellen aversiven Reiz wird (→ *Konditionierung, klassische*). Die Flucht vor diesem konditionellen Reiz hat somit belohnende Wirkung und wird durch operante Konditionierung erworben (→ *Konditionierung, operante*). Auf diese Weise wird die Konditionierung von Vermeidungsverhalten zu einem Spezialfall der Konditionierung von Fluchtverhalten (vgl. → *Versuchsstand der bedingten Fluchtreaktion*) und weist sowohl klassisch wie operant konditionierte Komponenten auf.

Zwei-Prozeß-Theorie (dual process theory) → Zwei-Faktoren-Theorie

Anhang

Englisch-deutsches Begriffsregister

Dieses Begriffsregister liefert in erster Linie die Übersetzung, die dem englischen Ausdruck nach Ansicht des Autors am ehesten entspricht. Weitere Übersetzungsmöglichkeiten sind jeweils am Anfang der Erklärungen zu den betreffenden Stichwörtern angegeben.

accomodation	Akkomodation
acquisition	Akquisition, Aneignung
activation	Aktivation, Aktivierung
activity	Aktivität
adaptation	Adaptation
adjustment	Anpassung
afference	Afferenz
alternative schedule	Alternativplan
analyser	Analysator
analytic psychology	Analytische Psychologie
animal psychology	Tierpsychologie
anticipation	Antizipation
anticipatory reaction	Antizipatorische Reaktion
anxiety	Angst
anxiety hierarchy	Angsthierarchie
anxiety management training (AMT)	Angstbewältigungstraining
anxiety relief response	Angstunterbrechungsreaktion
anxiety response	Angstreaktion

aperiodic reinforcement	aperiodische Verstärkung
appetitive behavior	appetitives Verhalten
approach – approach conflict	Konflikt zwischen Annäherungstendenzen
approach – avoidance conflict	Konflikt zwischen Tendenzen des Annäherns und des Meidens
approach gradient	Annäherungsgradient
arousal	Arousal
assertive response	Durchsetzungsreaktion
assertive training	Selbstsicherheitstraining
association	Assoziation
attention	Aufmerksamkeit
audience effect	Zuhöreffekt
autogenic training	Autogenes Training
autohypnosis	Autohypnose, Selbsthypnose
autoshaping	Selbstformung
autosuggestion	Autosuggestion
aversion therapy	Aversionstherapie
aversive conditioning	aversive Konditionierung
aversive control	aversive Kontrolle
aversive stimulus	aversiver Reiz
avoidance	Vermeidung
avoidance – avoidance conflict	Konflikt zwischen Vermeidungstendenzen
avoidance gradient	Vermeidungsgradient

avoidance learning	Vermeidungslernen
avoidance reaction	Vermeidungsreaktion
avoidance response	Vermeidungsreaktion
back-up reinforcer	Eintauschverstärker
backward conditioning	Rückwärtskonditionierung
baseline	Ausgangsdaten
behavior	Verhalten
behavior pattern	Verhaltensmuster
behavior rehearsal	Verhaltensübung
behavioral contrast	Verhaltenskontrast
behavioral control	Verhaltenskontrolle
behavioral disposition	Verhaltensdisposition
behavioral equation	Verhaltensformel
behavioral modification	Verhaltensmodifikation
behavioral rehearsal	Verhaltensübung
behavioral repertoire	Verhaltensrepertoire
behavioral sciences	Verhaltenswissenschaften
behavioral therapy	Verhaltenstherapie
behaviorism	Behaviorismus
biofeedback	Biofeedback
blind analysis	Blindversuch
booster session	Unterstützungssitzung
branched program	verzweigtes Programm

chain	Verhaltenskette
chained schedule (chain)	Verkettungsplan
chaining	Reaktions-Verkettung
choice reaction	Wahl, Wahlhandlung
classical conditioning	klassische Konditionierung
cognition	Kognition
cognitive behavior	kognitives Verhalten
cognitive control	kognitive Kontrolle
cognitive dissonance	kognitive Dissoanz
cognitive map	kognitive Karte
cognitive rehearsal	kognitive Übung
cognitive theory of learning	kognitive Lerntheorie
co-learning	Kolernen
comparative psychology	Vergleichende Psychologie
concurrent schedules (conc)	konkurrierende Pläne
conditioned aversive stimulus	konditionierter aversiver Reiz
conditioned emotional response (CER)	konditionierte emotionale Reaktion
conditioned inhibition	konditionierte Hemmung
conditioned reaction (CR)	konditionierte Reaktion
conditioned reactive inhibition	konditionierte reaktive Hemmung
conditioned reflex	konditionierter Reflex

conditioned reinforcement	konditionierte Verstärkung
conditioned response (CR)	konditionierte Reaktion
conditioned stimulus (CS)	konditioneller Reiz
conditioned suppression	konditionierte Unterdrückung
conditioning	Konditionierung
conflict	Konflikt
conjugate reinforcement	konjugierte Verstärkung
conjunctive schedule	Konjunktivplan
construct	Konstrukt
consummatory response	konsumatorische Endhandlung, Zielreaktion
contiguity	Kontiguität
contingency	Kontingenz
contingency management	Kontingenz-Management
continous reinforcement (CRF)	Immerverstärkung, kontinuierliche Verstärkung
counterconditioning	Gegenkonditionierung
coverant-control	Coverant-Kontrolle
covert behavior	verdecktes Verhalten
covert sensitization	verdeckte Sensitivierung
cue	Hinweis, Anhaltspunkt
cumulative record	Kumulativaufzeichnung
curiosity	Neugierde
deconditioning	Dekonditionierung

delay of reinforcement	Verstärkungsverzögerung
delayed reaction	verzögerte Reaktion
delayed response	verzögerte Reaktion
dependent variable	abhängige Variable
deprivation	Deprivation, Entzug
desensitization	Desensibilisierung
deviant behavior	abweichendes Verhalten
differential inhibition	differenzierende Hemmung, Differenzierungshemmung
differential reinforcement of high rates (DRH)	differentielle Verstärkung großer Häufigkeit
differential reinforcement of low rates (DRL)	differentielle Verstärkung geringer Häufigkeit
differential reinforcement of other behavior (DRO)	differentielle Verstärkung anderen Verhaltens
differentiation	Differenzierung
discriminated operant	diskriminierter Operant
discrimination	Diskrimination, Unterscheidung
discrimination learning	Unterscheidungslernen
discriminative stimulus (S^D)	diskriminativer Reiz
disinhibition	Enthemmung
disposition	Disposition
drive	Trieb, Antrieb
drive level	Triebniveau
drive reduction	Triebreduktion

drive stimulus (S_d, S_D)	Triebreiz
dual process theory	Zwei-Prozeß-Theorie
ecphoria	Ekphorie
effector	Effektor
efference	Efferenz
elicited behavior	ausgelöstes Verhalten
emitted behavior	emittiertes Verhalten
emotional behavior	emotionales Verhalten
emotive imagery	emotionale Gegenvorstellung
encounter group	Encounter-Gruppe, T-Gruppe
engram	Engramm
episodic reinforcement	episodische Verstärkung
ergotherapy	Ergotherapie
errorless discrimination learning	fehlerloses Unterscheidungslernen
escape response	Fluchtreaktion
ethology	Verhaltensforschung, Ethologie
excitation	Erregung
excitatory potential	Reaktionspotential
expectancy	Erwartung
expectation	Erwartung
exploration	Exploration
external inhibition	äußere Hemmung, externe Hemmung

extinction	Extinktion, Löschung
extrinsic control	Fremdkontrolle
facilitation	Bahnung
fading	Abschwächung
fading in	Einblenden
fading out	Ausblenden
familiy social work	Familientherapie
feedback	Feedback, Rückmeldung
feedback system	Regelkreis
fixed interval schedule (FI)	feste Intervallverstärkung
fixed ratio schedule (FR)	feste Quotenverstärkung
flooding	Reizüberflutung
follow-up	Nachuntersuchung
forgetting	Vergessen
fractional antedating goal response	fraktionelle antizipierende Zielreaktion
fractional anticipatory goal response	fraktionelle antizipatorische Zielreaktion
free operant avoidance	kontinuierliche Vermeidung
free reinforcement	nicht-kontingente Verstärkung
frequency of responding	Reaktionshäufigkeit
functionalism	Funktionalismus
generalization	Generalisierung, Verallgemeinerung

generalization gradient	Generalisierungsgradient
generalized reinforcer	generalisierter Verstärker
goal	Ziel
goal directed behavior	zielorientiertes Verhalten
goal gradient	Zielgradient
goal reaction	Zielreaktion
gradient	Gradient
gradient of effect	Effektgradient
gradient of reinforcement	Verstärkungsgradient
group therapy	Gruppentherapie
habit	Gewohnheit
habit family hierarchy	Gewohnheitshierarchie, Hierarchie zielbezogener Gewohnheiten
habit formation	Gewohnheitsbildung
habit strength ($_SH_R$)	Gewohnheitsstärke
habituation	Gewöhnung, Habituation
habituation training	Habituationstraining
hierarchy of habits	Gewohnheitshierarchie, Hierarchie zielbezogener Gewohnheiten
higher nervous system activity	Höhere Nerventätigkeit
higher order conditioning	Konditionierung höherer Ordnung
Humphreys' effect	Humphreys Effekt, Partialverstärkungseffekt

hypnosis	Hypnose
imitation	Imitation, Nachahmung
imitative learning	Imitationslernen
immediate memory	Immediatgedächtnis
implosion therapy	Implosionstherapie
impulse	Trieb, Antrieb
incentive	Anreiz, Ansporn
incidental learning	inzidentelles Lernen
independent variable	unabhängige Variable
induction	Induktion
inhibition	Hemmung
inhibitory potential	Hemmungspotential
insight-learning	Lernen durch Einsicht
instinct	Instinkt
instrumental conditioning	instrumentelle Konditionierung
instrumental learning	instrumentelles Lernen
interaction analysis	Interaktionsanalyse
interference	Interferenz
interlocked schedule (interlock)	Verschachtelungsplan
intermittent reinforcement	intermittierende Verstärkung, gelegentliche Verstärkung, partielle Verstärkung
internal inhibition	innere Hemmung

interresponse time (IRT)	Interreaktionszeit, Zwischenzeit
introspection	Introspektion, Selbstbeobachtung
irradiation	Irradiation, Ausstrahlung
irradiation of inhibition	Hemmungsirradiation
irradiation theory of learning	Irradiationstheorie
item	Item
item analysis	Itemanalyse
key	Pickscheibchen, Manipulandum
latency	Latenz
latent learning	latentes Lernen
law of analogy	Analogiegesetz
law of disuse	Gesetz des Nichtgebrauchs
law of effect	Effektgesetz
law of exercise	Gesetz der Übung
law of frequency	Gesetz der Wiederholungshäufigkeit
law of readiness	Gesetz der Bereitschaft
law of use	Gesetz des Gebrauchs
laws of learning	Lerngesetze
learning	Lernen
learning curve	Lernkurve
learning psychology	Lernpsychologie

learning set	Lerneinstellung
learning theories	Lerntheorien
limited hold	Zeiteinschränkung
linear program	lineares Programm
long term memory	Langzeitgedächtnis
manipulandum	Manipulandum
massed learning	massiertes Lernen
massed practice	massierte Übung
massed trials	massierte Übung
matching to sample test	Zuordnungstest
maze	Labyrinth
mediate association	vermittelnde Assoziation
mediating behavior	vermittelndes Verhalten
mediation theory	Vermittlungstheorie
memory	Gedächtnis
memory trace	Gedächtnisspur, Engramm
mental training	mentales Training
mixed schedule	gemischter Verstärkungsplan
mneme	Mneme
mnemotechnics	Mnemotechnik
model	Modell
modeling	Modellernen
motivation	Motivation

multiple choice	Mehrfachwahl
multiple schedule (mult)	multipler Plan
need	Bedürfnis
negative practice	negative Übung
negative punishment	negative Bestrafung
negative reinforcement	negative Verstärkung
neobehaviorism	Neobehaviorismus
neuro-ethology	Verhaltensphysiologie
nonsense syllable	sinnlose Silbe
objective psychology	Objektive Psychologie
observational learning	Beobachtungslernen
observer	Beobachter
occupational therapy	Beschäftigungstherapie
one-trial-learning	Lernen in einem Lerndurchgang
operant	Operant, Wirkreaktion
operant behavior	operantes Verhalten
operant conditioning	operante Konditionierung
operant learning	operantes Lernen
operant level	Spontanrate
operant reaction	operante Reaktion, Operant
operationalism	Operationalismus
operationism	Operationalismus

orienting reaction	Orientierungsreaktion
orienting reflex	Orientierungsreflex
orienting response	Orientierungsreaktion
overlearning	Überlernen
overt behavior	offenes Verhalten
paired associates	Paarassoziationen
paired comparison	Paarvergleich
paradigm	Paradigma
partial reinforcement	partielle Verstärkung
partial reinforcement effect (PRE)	Partialverstärkungs-Effekt
passive learning	passives Lernen
pattern	Pattern, Muster
perception	Wahrnehmung
performance	Leistung, Performanz
phobia	Phobie
positive reinforcement	positive Verstärkung
practise	Übung
Premack's principle	Premack-Prinzip
preparatory response	Vorbereitungsreaktion
primary reinforcement	primäre Verstärkung
primary reinforcer	primärer Verstärker
proactive inhibition	proaktive Hemmung
probability learning	Wahrscheinlichkeitslernen

probability matching	Wahrscheinlichkeits-angleichung
problem box	Problemkäfig
problematic behavior	Problemverhalten
procoverant	Procoverant
programmed instruction	programmierter Unterricht
progressive relaxation	progressive Entspannung
protective inhibition	protektive Hemmung
pseudo-conditioning	Pseudokonditionierung
pseudo-reflex	Pseudoreflex
psychoanalysis	Psychoanalyse
psychophysics	Psychophysik
psychosomatics	Psychosomatik
psychotherapy	Psychotherapie
punisher	Strafstimulus
punishment	Strafe, Bestrafung
purposive behavior	zielorientiertes Verhalten
puzzle-box	Problemkäfig
reaction (R)	Reaktion
reaction generalization	Reaktionsgeneralisierung, Antwortgeneralisierung
reaction potential	Reaktionspotential
reaction summation	Reaktionssummation
reactive inhibition	reaktive Hemmung

readiness	Bereitschaft
reafference principle	Reafferenzprinzip
recall	erinnern, sich erinnern
receptor	Rezeptor
reciprocal inhibition	reziproke Hemmung
recognition	Wiedererkennen
reconditioning	Rekonditionierung
redirection activity	Ersatzhandlung
reflex	Reflex
reflex chain	Kettenreflex, Verhaltenskette
reinforcement	Verstärkung
reinforcement gradient	Verstärkungsgradient
reinforcement schedule	Verstärkungsplan
reinforcer	Verstärker
relaxation techniques	Entspannungstechniken
relaxation therapy	Entspannungstherapie
releaser	Auslöser
remembering	erinnern, sich erinnern
reminiscence	Reminiszenz
remission	Remission
replication therapy	Replikationstherapie
resistance to extinction	Löschungsresistenz
respondent behavior	respondentes Verhalten

respondent conditioning	respondente Konditionierung
response (R)	Antwort, Reaktion
response cost	Verstärkerentzug
response differentiation	Reaktionsdifferenzierung
response generalization	Reaktionsgeneralisierung
response pattern	Reaktionsmuster
response prevention	Reaktionsverhinderung
response rate	Reaktionsrate
response strength	Reaktionsstärke
retention	Retention, Behalten
retrieval	Retrieval
retroactive inhibition	retroaktive Hemmung
reversal learning	Umkehrlernen
reward	Belohnung
reward expectancy	Belohnungserwartung
reward schedule	Belohnungsplan
saving method	Ersparnismethode
schedule of reinforcement	Verstärkungsplan
secondary reinforcement	sekundäre Verstärkung
self-control	Selbstkontrolle
self-punishment	Selbstbestrafung
self-regulation	Selbstregulierung
self-reinforcement	Selbstverstärkung

self-stimulation	Selbstreizung
self-suggestion	Selbstsuggestion
semantic conditioning	semantische Konditionierung
senseless syllable	sinnlose Silbe
sensibility	Sensibilität, Empfindlichkeit
sensitivity	Sensitivität Empfindungsvermögen
sensitivity training	Sensitivitätstraining
sensitization	Sensitivierung, Sensibilisierung
sensory summation	Reizsummation
set	Einstellung
shaping	Verhaltensformung
short term memory	Kurzzeitgedächtnis
shuttle box	Versuchstand der bedingten Fluchtreaktion
Sidman avoidance	Sidman-Vermeidung
signal system	Signalsystem
signalling system	Signalsystem
Skinner box	Skinner-Box
sleep treatment	Schlaftherapie
social learning	soziales Lernen
social psychology	Sozialpsychologie
spaced learning	verteiltes Lernen

spaced practise	verteilte Übung
spaced trials	verteilte Übung
spontaneous alternation	spontane Alternation
spontenaous behavior	spontanes Verhalten
spontaneous recovery	spontane Erholung
spontaneous remission	Spontanremission
startle reflex	Schreckreaktion
startle response	Schreckreaktion
stimulus (S)	Reiz, Stimulus
stimulus control	Reizkontrolle
stimulus discrimination	Reizdiskriminierung
stimulus generalization	Reizgeneralisierung
stimulus pattern	Reizmuster
stimulus response theory	Reiz-Reaktions-Theorie
stimulus sampling theory (SST)	Reiz-Stichproben-Theorie
stimulus trace	Reizspur
stress	Streß
successive approximation	sukzessive Annäherung
summation	Summation
superstitious behavior	abergläubisches Verhalten
symptom	Symptom, Krankheitsbild
symptom substitution	Symptomverschiebung
tandem schedule (tand)	Tandemplan

teaching machines	Lehrmaschinen
temporal summation	zeitliche Summation
tension	Spannung
thought stopping	Gedankenstopp
time out	Auszeit
token	Token, Münze
token economy	Münzökonomie
token reward	Tokenbelohnung, Eintauschverstärker
token system	Münzverstärkungssystem
trace reflex	Spurenreflex
transfer	Transfer, Übertragung
transposition behavior	Transpositionsverhalten
trial	Versuch, Durchgang
trial and error learning	Lernen durch Versuch und Irrtum
two factor theory	Zwei-Faktoren-Theorie
unconditioned reaction (UR)	unkonditionierte Reaktion (UCR)
unconditioned stimulus (US)	unkonditioneller Reiz (UCS)
unconditioning	Entkonditionierung
vacuum activity	Leerlaufverhalten
variable interval schedule (VI)	variabler Intervall-verstärkungsplan

variable ratio schedule (VR)	variabler Quotenverstärkungsplan
verbal behavior	verbales Verhalten
verbal conditioning	verbale Konditionierung
verbal learning	verbales Lernen
vicarious learning	stellvertretendes Lernen
vicarious reinforcement	stellvertretende Verstärkung
vicarious trial-and-error behavior (VTE)	symbolisches Versuch-Irrtums-Verhalten
vigilance	Vigilanz
warning stimulus	Warnreiz
white noise	weißes Rauschen
Wisconsin General Test Apparatus (WGTA)	Wisconsin-Versuchsstand
work therapy	Arbeitstherapie
Yerkes-Dodson law	Yerkes-Dodson-Gesetz
yoked control	verbundene Kontrolle

Literaturverzeichnis

Das nachfolgende Literaturverzeichnis ist in die Abschnitte Englischsprachige Literatur, Deutschsprachige Literatur und Wörterbücher unterteilt. Es enthält neuere Übersichtswerke und Bücher mit Arbeitsgebieten, Methoden und ausführlichen Abhandlungen über Ergebnisse der Lernpsychologie und der Verhaltensmodifikation. Die meisten davon enthalten umfangreiche Literaturverzeichnisse und Hinweise zu den entsprechenden Originalarbeiten. Weitere Literaturangaben sind ferner bei den im Text eingeschobenen Kurzbiographien aufgeführt. Der Abschnitt Wörterbücher enthält in erster Linie jene Werke, deren Definitionen und Übersetzungen beim Abfassen dieses Wörterbuches berücksichtigt wurden, bzw. Werke, die Begriffe aus anderen Teilgebieten der Psychologie und aus der Psychiatrie erläutern.

Englischsprachige Literatur:

Anderson, B. F.: *Cognitive Psychology. The Study of Knowing, Learning and Thinking.* New York, London: Academic Press, 1975.

Ayllon, T. und N. H. Azrin: *The Token Economy: A Motivational System for Therapy and Rehabilitation.* New York: Appleton-Century-Crofts, 1968.

Bandura, A.: *Principles of Behavior Modification.* New York: Holt, 1969.

Bandura, A. und R. H. Walters: *Social Learning and Personality Development.* New York: Holt, Rinehart and Winston, 1963.

Barber, T. et. al. (Hrsg.): *Biofeedback and Self-Control.* Chicago, New York: Aldine, Atherton, 1971, 1972, 1973, 1974, 1975 (Serie mit jährlichen Fortsetzungen).

Bergin, A. E. und S. L. Garfield (Hrsg.): *Handbook of Psychotherapy and Behavior Change.* New York, London, Sydney, Toronto: Wiley, 1971.

Berlyne, D. E.: *Conflict, Arousal and Curiosity.* New York: McGraw-Hill, 1960.

Berlyne, D. E.: *Structure and Direction in Thinking.* New York, London, Sidney: Wiley, 1965.

Black, A. H. und N. F. Prokasy (Hrsg.): *Classical Conditioning II.* New York: Appleton-Century-Crofts, 1972.

Boakes, R. A. und M. S. Halliday: *Inhibition and Learning.* London, New York: Academic Press 1972.

Bush, R. R. und W. K. Estes (Hrsg.): *Studies in Mathematical Learning Theory.* Stanford: Stanford Univ. Press., 1959.

Catania, A. C. (Hrsg.): *Contemporary Research in Operant Behavior.* Glenview, Ill.: Scott, Foresman, 1968.

Cattell, R. B.: *Personality and Social Psychology.* San Diego: Robert R. Knapp, 1964.

Chomsky, N.: *Aspects of a Theory of Language.* Cambridge, Mass.: MIT Press, 1965.

Deutsch, D. und J. A. Deutsch (Hrsg.): *Short-Term Memory.* New York, London: Academic Press, 1975.

Dixon, T. R. und D. L. Horton: *Verbal Behavior and General Behavior Theory.* Englewood Cliffs, N. J.: Prentice-Hall, 1968.

Estes, W. K., Koch, S., MacCorquodale, K., Meehl, P. E., Muller, C. G., jr., Schoenfeld, W. N. und W. S. Verplanck: *Modern Learning Theory.* New York: Appleton-Century Crofts, 1954.

Eysenck, H. J.: *Behavior Therapy and Neurosis.* London: Pergamon Press, 1960.

Eysenck, H. J. (Hrsg.) *Handbook of Abnormal Psychology.* New York: Basic Books, 1961.

Eysenck, H. J. und S. Rachman: *The Causes and Cures of Neuroses.* London: Routledge, and Kegan Paul, 1965.

Ferster, C. B. und M. C. Perrott: *Behavior Principles.* New York: Appleton-Century-Crofts, 1968.

Ferster, C. B. und B. F. Skinner: *Schedules of Reinforcement.* New York: Appleton-Century-Crofts, 1957.

Festinger, L.: *A Theory of Cognitive Dissonance.* New York: Harper & Row, 1957.

Franks (Hrsg.): *Behavior Therapy: Appraisal and Status. Assessment and Appraisal.* New York: McGraw-Hill, 1969.

Gagné, R. M.: *The Conditions of Learning.* New York: Holt, Rinehart and Winston, 1965.

Gilbert, R. M. und J. R. Millenson (Hrsg.): *Reinforcement, Behavioral Analyses.* New York, London: Academic Press, 1972.

Gilbert, R. M. und N. S. Sutherland (Hrsg.): *Animal Discrimination Learning.* New York, London: Academic Press, 1969.

Glaser, R.: (Hrsg.): *The Nature of Reinforcement.* New York, London: Academic Press: 1971.

Goslin, D. A. (Hrsg.): *Handbook of Socialization Theory and Research.* Chicago: Rand McNally, 1969.

Gray, J. A.: *Elements of a Two-Process Theory of Learning.* New York, London: Academic Press, 1975.

Hersen, M., Eisler, R. M. und P. M. Miller (Hrsg.): *Progress in Behavior Modification, Vol. 1.* New York, London: Academic Press, 1975.

Hilgard, E. R. und G. H. Bower: *Theories of Learning.* New York: Appleton-Century-Crofts: [3]1966.

HOLLAND, J. G. und B. F. SKINNER: *The Analysis of Behavior.* New York: McGraw-Hill, 1961.
KANFER, F. H. und J. S. PHILLIPS: *Learning Foundations of Behavior Therapy.* New York: Wiley, 1970.
KELLER, F. S. und E. RIBES-INESTA: *Behavior Modification: Applications to Education.* New York, London: Academic Press, 1974.
KLING, J. W. und L. A. RIGGS (Hrsg.): *Woodworth and Schlossberg's Experimental Psychology.* London: Methuen, 1972.
KRASNER, L. und L. P. ULLMAN (Hrsg.): *Research in Behavior Modification: New Developments and Implications.* New York: Holt, Rinehart & Winston 1967.
LAZARUS, A. A.: *Behavior Therapy and Beyond.* New York: McGraw Hill, 1971.
LAZARUS, A. A. (Hrsg.): *Clinical Behavior Therapy.* New York: Brunner/Mazel, 1972.
LUCE, R. D.: *Individual Choice Behavior.* New York: Wiley, 1959.
LUCE, R. D., BUSH, R. R. und E. GALANTER (Hrsg.): *Handbook of Mathematical Psychology.* New York: Wiley, Band I und II 1963, Band III 1965.
MACKINTOSH, N. J.: *The Psychology of Animal Learning.* London, New York: Academic Press, 1974.
McGUIGAN, F. J. und D. B. LUMSDEN (Hrsg.): *Contemporary Approaches to Conditioning and Learning.* New York, Toronto, London, Sidney: Wiley, 1973.
MOWRER, O. H.: *Learning Theory and Behavior.* New York: Wiley, 1960.
PROKASY, W. F. (Hrsg.): *Classical Conditioning.* New York: Appleton-Century-Crofts, 1965.
SCHOENFELD, W. N. und K. C. BRETT: *Stimulus Schedules: the t-τ Systems.* New York: Harper & Row, 1972.
SELIGMAN, M. E. P. und J. L. HAGER: *Biological Boundaries of Learning.* New York: Appleton-Century-Crofts, 1972.
SKINNER, B. F.: *Verbal Behavior.* New York: Appleton-Century-Crofts, 1957.
SKINNER, B. F.: *Cumulative Record.* New York: Appleton-Century-Crofts, 1961.
SKINNER, B. F.: *Contingencies of Reinforcement.* New York: Appleton-Century-Crofts, 1969.
SKINNER, B. F.: *Beyond Freedom and Dignity.* New York: Alfred A. Knopf, 1971.
SPENCE, K. E. und J. T. SPENCE (Hrsg.): *The Psychology of Learning and Motivation.* New York, London: Academic Press Bd. 1, 1967 (Serie mit Fortsetzungen).
SUTHERLAND, N. S. und N. J. MACKINTOSH: *Mechanisms of Animal Discrimination Learning.* London, New York: Academic Press, 1971.

Tapp, J. C. (Hrsg.): *Reinforcement and Behavior.* New York, London: Academic Press, 1969.

Ullmann, L. P. und L. Krasner (Hrsg.): *Case Studies in Behavior Modification.* New York: Holt, Rinehart and Winston, 1965.

Wolpe, J.: *The Practice of Behavior Therapy.* New York: Pergamon, 1955.

Wolpe, J.: *Psychotherapy by Reciprocal Inhibition.* Stanford: Stanford University Press, 1958.

Deutschsprachige Literatur:

Alberti, L.: *Verhaltenstherapie, Lernpsychologie.* Bern: Huber, 1975.

Angermeier, W. F.: *Kontrolle des Verhaltens. Das Lernen am Erfolg.* Berlin: 1972.

Angermeier, W. F. und M. Peters: *Bedingte Reaktionen. Grundlagen, Beziehungen zur Psychosomatik und Verhaltensmodifikation.* Berlin, Heidelberg, New York: Springer, 1973.

Bachmann, C. H.: *Psychoanalyse und Verhaltenstherapie.* Frankfurt/M.: Fischer 1972.

Belschner, W., Hoffmann, M., Schott, F., und Ch. Schulze: *Verhaltenstherapie in Erziehung und Unterricht.* Stuttgart, Berlin, Köln, Mainz: Kohlhammer, 1973.

Bergold, B.: *Psychotherapie. Zwischen Selbstentfaltung und Kontrolle.* München, Berlin, Wien: Urban & Schwarzenberg, 1973.

Biggs, J. B.: *Lernprozeß und Kybernetik.* Stuttgart: Klett, 1974 (Orig.: *Information and Human Learning*).

Birbaumer, N. (Hrsg.): *Neuropsychologie der Angst.* München, Berlin, Wien: Urban & Schwarzenberg, 1973.

Birbaumer, N.: *Physiologische Psychologie.* Berlin, Heidelberg, New York: Springer, 1975.

Blöschl, L.: *Grundlagen und Methoden der Verhaltenstherapie.* Bern, Stuttgart, Wien: Huber, 41974.

Brengelmann, J. C. und W. Tunner: *Behavior Therapy – Verhaltenstherapie.* München, Berlin, Wien: Urban & Schwarzenberg, 1973.

Brunner, V. L. und R. Welter-Enderlin: *Verhaltenstherapie in der Sozialarbeit.* Bern: Schweizerischer Berufsverband der Sozialarbeiter, 1973.

Correll, W. und B. F. Skinner: *Denken und Lernen.* Braunschweig: Georg Westermann, 21970.

Correll, W. und H. Schwarze: *Lernpsychologie programmiert.* Donauwörth: Ludwig Auer, 41972.

Correll, W.: *Lernstörungen beim Schulkind.* Donauwörth: Ludwig Auer, 91972.

Correll, W.: *Lernen und Verhalten.* Frankfurt/M.: Fischer, 21973.

CORRELL, W.: *Pädagogische Verhaltenspsychologie.* München, Basel: Ernst Reinhardt, [5]1973.
CORRELL, W.: *Lernpsychologie.* Donauwörth: Ludwig Auer, [14]1974.
EYSENCK, H. J.: *Die Ungleichheit der Menschen. Ein Plädoyer für Leistung und Auslese.* München: List., 1975 (Orig.: *Race Intelligence and Education*).
EYSENCK, H. J.: *Die Experimentiergesellschaft.* Soziale Innovationen durch angewandte Psychologie. Reinbek: Rowohlt, 1973 (Orig.: *Psychology is about People*)
EYSENCK, H. J. und S. RACHMAN: *Neurosen – Ursachen und Heilmethoden.* Berlin: Deutscher Verlag der Wissenschaften, [6]1973 (Orig.: *The Causes and Cures of Neuroses*).
FLECHTNER, H. J.: *Gedächtnis und Lernen in psychologischer Sicht.* Stuttgart: Hirzel, 1974.
FLORIN, I. und W. TUNNER: *Therapie der Angst, Systematische Desensibilisierung.* München: Urban & Schwarzenberg, 1975.
GAGNÉ, R. M.: *Die Bedingungen des menschlichen Lernens.* Hannover: Schroedel, 1969 (Orig. *The Conditions of Learning*).
HALDER, P.: *Verhaltenstherapie.* Stuttgart, Berlin, Köln, Mainz: Kohlhammer, 1973.
HUNZIKER, H. W.: *Audiovisuelles Lernen und kreatives Denken.* Zürich: Transmedia, 1972.
HARTIG, M.: *Selbstkontrolle.* München, Berlin, Wien: Urban & Schwarzenberg, 1973.
HEILAND, H.: *Didaktik und Lerntheorie.* Bad Heilbrunn/Obb.: Klinkhardt, 1973.
HILGARD, E. R. und G. H. BOWER: *Theorien des Lernens,* Bd. I und II. Stuttgart: Klett, [3]1973 (Orig.: *Theories of Learning*).
HOFER, M. und F. E. WEINERT: *Lernen und Instruktion.* Frankfurt/M.: Fischer, 1973.
HOLLAND, J. G. und B. F. SKINNER: *Analyse des Verhaltens.* München, Berlin, Wien: Urban & Schwarzenberg, [2]1974 (Orig.: *The Analysis of Behavior*).
JÜRGENS, U. und D. PLOOG: *Von der Ethologie zur Psychologie.* München: Kindler, 1974.
KAMINSKI, G.: *Verhaltenstheorie und Verhaltensmodifikation.* Stuttgart: Klett, 1970.
KANFER, F. H., und J. S. PHILLIPS: *Lerntheoretische Grundlagen der Verhaltenstherapie.* München: Kindler, 1975 (Orig.: *Learning Foundations of Behavior Therapy*).
KERN, H. J.: *Verhaltensmodifikation in der Schule.* Stuttgart, Berlin, Köln, Mainz: Kohlhammer, 1974.
KEUPP, H.: *Psychische Störungen als abweichendes Verhalten.* München: Urban & Schwarzenberg, 1972.
KRAIKER, C. (Hrsg.): *Handbuch der Verhaltenstherapie.* München: Kindler, [2]1975.

Kuhlen, V.: *Verhaltenstherapie im Kindesalter.* München: Juventa, 1972.
Kuhlen, V.: *Verhaltenstherapie im Kindesalter. Grundlagen, Methoden und Forschungsergebnisse.* München: Juventa, ²1973.
Manis, M.: *Lernen und Denken.* Zürich, Einsiedeln, Köln: Benziger; Aarau, Frankfurt/M.: Sauerländer, 1974 (Orig.: *Cognitive Processes*).
Mandel, A., Mandel, K. H., Stadter, E. und D. Zimmer: *Einübung in Partnerschaft durch Kommunikationstherapie und Verhaltenstherapie.* München: Pfeiffer, ⁵1971.
Meyer, V. und E. S. Chesser: *Verhaltenstherapie in der klinischen Psychiatrie.* Stuttgart: Thieme, 1971 (Orig.: *Behaviour Therapy in Clinical Psychiatry*).
Neber, H.: *Entdeckendes Lernen.* Weinheim, Basel: Beltz, 1973.
Pawlow, I. P.: *Die bedingten Reflexe.* München: Kindler, 1972.
Pawlow, I. P.: *Auseinandersetzung mit der Psychologie.* München: Kindler, 1973.
Piaget, J. und B. Inhelder: *Gedächtnis und Intelligenz.* Olten, Freiburg/Br.: Walter, 1974 (Orig.: Mémoire et *intelligence*).
Pickenhain, L. (Hrsg.): *Pawlow, I. P., Sämtliche Werke*, 6 Bde. Berlin: Akademie Verlag, 1953–1955.
Ploog, D. und P. Gottwald: *Verhaltensforschung.* München, Berlin, Wien: Urban & Schwarzenberg 1974.
Rachman, S.: *Verhaltenstherapie bei Phobien.* München, Berlin, Wien: Urban & Schwarzenberg, ²1972 (Orig.: *Phobias: Their Nature and Control*).
Rachman, S. und I. Teasdale: *Verhaltensstörungen und Aversionstherapie. Eine lerntheoretische Analyse*, 1975.
Schulte, D. (Hrsg.): *Diagnostik in der Verhaltenstherapie.* München: Urban & Schwarzenberg, 1974.
Schwarz, D. und E. Sedlmayr: *Befreiung von der Neurose.* München: Kindler, 1973.
Sinz, R.: *Lernen und Gedächtnis.* Berlin: Volk & Gesundheit VEB, 1973.
Skinner, B. F.: *Wissenschaft und menschliches Verhalten.* München: Kindler, 1973 (Orig.: *Science and Human Behavior*).
Skinner, B. F.: *Jenseits von Freiheit und Würde.* Hamburg: Rowohlt Verlag, 1973 (Orig.: *Beyond Freedom and Dignity*).
Skinner, B. F.: *Die Funktion der Verstärkung in der Verhaltenswissenschaft.* München: Kindler, 1974 (Orig.: *Contingencies of Reinforcement*).
Wolpe, J.: *Praxis der Verhaltenstherapie.* Bern, Stuttgart, Wien: Huber, 1972 (Orig.: *The Practice of Behavior Therapy*).

Wörterbücher:

ARNOLD, W., EYSENCK, H. J. und R. MELLI, (Hrsg.): *Lexikon der Psychologie* (3 Bde.). Freiburg/Br.: Herder, 1971.

DIETRICH, G. und H. WALTER: *Grundbegriffe der psychologischen Fachsprache.* München: Ehrenwirth, 1970.

DORSCH, F.: *Psychologisches Wörterbuch.* Hamburg: Meiner; Bern: Huber, [7]1963.

DREVER, J. und W. D. FRÖHLICH: *Wörterbuch zur Psychologie.* München: Deutscher Taschenbuch-Verl., [8]1974 (Orig.: *A Dictionary of Psychology*).

DUIJKER, H. C. J. und M. J. VAN RIJSWIJK: *Dreisprachiges psychologisches Wörterbuch,* Bd. 1: English/French/German; Bd. 2: Français/Allemand/Anglais; Bd. 3: Deutsch/Englisch/Französisch. Bern, Stuttgart, Wien: Huber, 1975.

HEHLMANN, W.: *Wörterbuch der Psychologie.* Stuttgart: Kröner [11]1974.

IMMELMANN, K.: *Wörterbuch der Verhaltensforschung.* München: Kindler, 1975.

MICHEL, C. und F. NOVAK: *Kleines Psychologisches Wörterbuch.* Freiburg, Basel, Wien: Herder, 1975.

MÜLLER, C. (Hrsg.): *Lexikon der Psychiatrie.* Berlin, Heidelberg, New York: Springer, 1973.

PETERS, U. H.: *Wörterbuch der Psychiatrie und medizinischen Psychologie.* München, Berlin, Wien: Urban & Schwarzenberg, 1974.

SURY, K. von: *Wörterbuch der Psychologie und ihrer Grenzgebiete.* Olten, Freiburg/Br.: Walter, [4]1974.

WOLMAN, B. B. (Hrsg.): *Dictionary of Behavioral Science.* London, Basingstoke: Macmillan; Stuttgart: Klett, 1974.

7–1–3/5.5–3–6